プリザーブド・アーティフィシャル・ドライ
異素材フラワー
デザイン図鑑 200

フローリスト編集部 編

誠文堂新光社

Material／プリザーブド・アーティフィシャル・ドライ

この本で紹介する3つの異素材

「異素材」とはなんでしょうか。リボンや紙、和紙、布、皮など、生花以外の資材すべてを総称して異素材と呼ぶこともありますが、本書では3つの花材を「生花ではないもの」として主軸に捉え、異素材と呼ぶことにしました。

その3つとは、プリザーブド加工が施された植物、アーティフィシャルの植物（造花）、そして生花が乾燥してできたドライの植物です。これらはすべて、フレッシュな植物ではありませんが、異素材の花材としてデザインに取り入れることが可能です。つまり、これらを使ったフラワーデザインこそ、本書が取り扱う「異素材フラワーデザイン」なのです。

異素材の特徴
〜水やり要らず、長期間楽しめる〜

3つの素材に共通する特徴として、保水（水やり）が必要ではないことが挙げられます。これこそ生花のデザインとは大きく異なる特徴で、異素材は時間をじっくりとかけて作品制作に没頭することができるのです。花びらを分解してワイヤーをかけたり、樹脂でコーティング加工をしたり、クラフト的な感覚で素材を扱うことができます。

保水が必要ではない分、自由な発想でデザインすることも可能なので、手の平の上に乗るような小さなものから、ディスプレーに用いる巨大なものまで、表現の幅は生花以上に広がっています。

また、そうしてでき上がったフラワーデザインは生花よりも長持ちします。ですからデザインに飽きてきたら、後から修正をしたり花材を入れ替えたりができるという利点もあるのです。

異素材同士の親和性も高く、プリザーブドとアーティフィシャルを組み合わせたり、アーティフィシャルとドライを組み合わせたり、さらにはすべてを組み合わせたりなど、ミックスして使うことも注目されています。

効果的に各素材を扱うためにも、それぞれの特徴を知って、デザインに生かしてみましょう。

1　プリザーブド

「プリザーブ」とは、「保存する、保護する、持続する」という意味。生花や葉物の自然な形、柔らかさ、弾力性をそのままに残し、長期間楽しめるよう特殊加工しています。プリザーブド加工を施した花を「プリザーブドフラワー」といいます。また、プリザーブド加工が施された葉物など、花以外の素材もあり「プリザーブドグリーン」や「プリザーブドリーフ」といわれることがあります。歴史を遡ると、1991年にフランスのヴェルモント社が「長寿命の切り花製法」として発表し、日本の初上陸は1993年の東京インテリア国際貿易展に同社が出展した時だといわれています。

プリザーブド加工された花や葉物は既製品を買うのが一般的です。資材店のほかインターネットでも購入できますが、慣れないうちは自分の目で実際に見て選ぶ方が失敗が少ないです。生きた素材をもとにして作っているので商品ごとの個体差があり、メーカーによっては各商品に多彩なカラーラインナップを展開することが多いためです。

また、国内で生産を行うメーカーもあれば、海外から輸入するメーカーもあります。プリザーブドをうまく扱うには、まずどんなメーカーがどんな商品のラインナップを持っているかを把握することで、飛躍的に情報量がアップすることでしょう。

既製品を買うだけでなく、自分でプリザーブド加工をすることも可能ですが、専用の溶液が必要です。

※プリザーブド加工には、特殊保存液や薬品を使用していますので、使用上の注意をよく読んで使用してください。また、小さなお子様が触れたり口に入れないようにするなど、安全面にも注意してください。

Material／プリザーブド・アーティフィシャル・ドライ

2　アーティフィシャル

　「アーティフィシャル」とは、「人工の、模造の」という意味を持ち「ナチュラル」の対義語です。生花を精密に模造した「造花」で、国内外にある多くのメーカーが取り扱っています。フラワーデザインにおいては「アーティフィシャルフラワー」と呼ぶほうが一般的ですが、「アートフラワー」と呼ばれることもあります。プリザーブド同様に水やりが要らず、花が枯れる心配がないので、時間をかけてアレンジができます。変わらない美しさを長く保てるのも特徴です。アーティフィシャル花材は主にポリエステルやポリエチレンといった素材で作られていて、自然素材をもとにしているプリザーブドとは根本の部分が違います。生花独特の瑞々しさや柔らかさといった特徴はありませんが、劣化をすることなく、とても丈夫なのがメリットです。輸送にも強くメンテナンス性に優れるため、アーティフィシャルフラワーでブーケを作り、スーツケースに入れて海外挙式に持っていく、というケースも考えられます。

　色や形、花の種類も多彩に開発されています。花物、葉物、実もの、多肉植物などバリエーションが豊富なため、多種多様なアレンジを作ることができます。花としての美しさも年々クオリティが上がっていて、一輪で飾ってもきれいです。生花の美意識に近づけてナチュラルに使うこともできれば、プリザーブドのクラフト的な美意識に近づけることもできるため、可能性が幅広い花材といえます。

3　ドライ

　ドライフラワーは、生花を乾燥させて水分を飛ばし、長期保存を可能にしている素材です。自分で生花を乾燥させて作る場合もありますし、ドライ花材としてメーカーが販売しているものもあります。メーカーによっては、ナチュラルに乾燥させる素材のほか、染色などの後処理を施すものもあります。本書では、上記のドライ花材はもちろん、生花からドライへと変化する過程にあるものや、ナッツ類などの乾燥した実ものについても、ドライ花材の一つとして扱っています。経年による色の変化が楽しめたり、プリザーブドやアーティフィシャルにはない、独特の乾いた質感がアンティーク感を表現してくれるなど、近年では多くのシーンで活躍をしています。ただし、乾燥具合が進むほど折れたり、壊れやすくなったりしますので、取り扱いには注意が必要です。

素 材 別
Index

索引
Index

	Material	Main Color	章	番号	ページ
	プリザーブド	Mix	第1章	2	015
		Mix	第1章	3	016
		Pink	第1章	4	018
		Beige	第1章	5	019
		Pink	第1章	7	022
		Mix	第1章	9	024
		Pink	第1章	10	025
		Black	第1章	11	026
		Beige	第1章	12	027
		Mix	第1章	14	029
		Green	第1章	19	034
		Red	第1章	21	036
		Pink	第1章	22	037
		Red	第1章	26	042
		Pink	第1章	28	044
		Pink	第1章	29	045
		Green	第1章	47	065
		Yellow	第2章	50	078
		Blue	第2章	51	079
		Mix	第2章	52	080
		Mix	第2章	58	086
		Mix	第2章	63	093
		Green	第2章	68	101
		White	第2章	70	104
		White	第2章	75	113
		Mix	第2章	76	126
		Green	第2章	80	130
		White	第2章	82	132
		Orange	第3章	86	140
		Mix	第3章	87	141
		Mix	第3章	101	157
		Red	第3章	109	174
		Purple	第3章	115	180
		White	第3章	116	181
		Black	第4章	127	194
		Red	第4章	130	197
		Mix	第4章	132	200
		White	第4章	136	204
		Blue	第4章	138	206
		Red	第4章	143	211
		Pink	第4章	144	212
		Mix	第4章	157	226
		White	第4章	159	229
		Blue	第5章	191	283
	アーティフィシャル	Red	第1章	25	041
		Purple	第1章	43	061
		Mix	第1章	45	063
		White	第1章	46	064
		Red	第1章	48	066
		Blue	第1章	49	067
		White	第2章	53	081

Material	Main Color	章	番号	ページ
アーティフィシャル	White	第2章	56	084
	Mix	第2章	57	085
	Red	第2章	60	089
	Red	第2章	62	092
	Purple	第2章	67	100
	White	第2章	71	106
	Green	第2章	72	108
	Black	第2章	73	110
	White	第2章	74	112
	Pink	第2章	78	128
	Pink	第2章	83	133
	Mix	第3章	88	142
	Mix	第3章	89	143
	Mix	第3章	90	144
	Mix	第3章	91	146
	Mix	第3章	92	148
	Red	第3章	93	149
	Pink	第3章	94	150
	White	第3章	95	151
	Red	第3章	96	152
	Purple	第3章	97	153
	Mix	第3章	99	155
	White	第3章	100	156
	Green	第3章	107	165
	Green	第3章	108	166
	Gold	第3章	111	176
	Red	第3章	113	178
	Mix	第3章	114	179
	Mix	第3章	117	182
	White	第3章	119	184
	Green	第3章	120	185
	Mix	第3章	121	186
	Mix	第3章	122	187
	Red	第4章	123	190
	Mix	第4章	125	192
	Red	第4章	128	195
	Silver	第4章	129	196
	White	第4章	146	214
	Beige	第4章	148	216
	Mix	第4章	149	217
	Red	第4章	154	223
	Purple	第4章	172	247
	Red	第5章	184	276
	Mix	第5章	188	280
	Green	第5章	192	284
	Mix	第5章	194	286
	Mix	第5章	195	288
	Green	第5章	197	290
	Mix	第5章	198	291
	Mix	第5章	199	292
	Purple	第1章	200	293

索引
Index

Material	Main Color	章	番号	ページ
ドライ	Mix	第1章	6	020
	Mix	第1章	8	023
	Mix	第1章	15	030
	Red	第1章	16	031
	Mix	第1章	17	032
	Mix	第1章	20	035
	Beige	第1章	30	046
	Mix	第1章	31	047
	Beige	第1章	32	048
	Green	第1章	33	049
	Mix	第1章	34	050
	Mix	第1章	35	052
	Mix	第1章	36	053
	Beige	第1章	37	054
	Beige	第1章	42	060
	Red	第2章	44	062
	Green	第2章	54	082
	Black	第2章	55	083
	Mix	第2章	61	090
	Blue	第2章	65	096
	Gold	第3章	69	102
	Green	第3章	84	136
	Mix	第4章	85	138
	Brown	第4章	124	191
	Pink	第4章	131	198
	White	第4章	134	202
	Beige	第4章	137	205
	White	第4章	145	213
	Brown	第4章	147	215
	Brown	第4章	155	224
	Beige	第4章	156	225
	Mix	第4章	158	228
	Beige	第4章	160	230
	Green	第4章	161	231
	Brown	第4章	162	232
	Mix	第4章	163	234
	Green	第4章	164	235
	Green	第4章	165	236
	Green	第4章	166	237
	Green	第4章	167	238
	Pink	第4章	168	240
	Green	第4章	169	241
	Brown	第4章	170	242
	Brown	第4章	171	246
	Mix	第4章	173	248
	Black	第4章	175	250
	Purple	第4章	176	251
	Blue	第4章	177	252
	Green	第4章	178	254
	Mix	第4章	179	256
	Green	第4章	180	257

Material	Main Color	章	番号	ページ
ドライ	Mix	第4章	181	258
	Purple	第4章	182	260
	Green	第4章	183	261
	Mix	第5章	190	282
プリザーブド・アーティフィシャル	Pink	第1章	1	014
	Mix	第1章	18	033
	Green	第1章	23	038
	White	第1章	24	040
	Pink	第1章	27	043
	White	第1章	40	058
	Pink	第1章	41	059
	Pink	第2章	77	127
	Mix	第2章	79	129
	Pink	第2章	81	131
	Purple	第3章	98	154
	Purple	第3章	104	160
	Red	第4章	140	208
	Black	第4章	142	210
	White	第5章	187	279
	White	第5章	193	285
プリザーブド・ドライ	Mix	第1章	13	028
	Purple	第1章	38	056
	White	第2章	59	088
	White	第2章	64	094
	White	第2章	66	098
	Orange	第3章	103	159
	Yellow	第3章	106	164
	Pink	第3章	110	175
	Mix	第3章	112	177
	Mix	第4章	126	193
	Red	第4章	139	207
	Mix	第4章	141	209
	Brown	第4章	151	219
	Green	第4章	174	249
	Pink	第5章	185	277
	Blue	第5章	186	278
プリザーブド・アーティフィシャル・ドライ	Yellow	第1章	39	057
	Green	第3章	102	158
	Red	第3章	105	162
	Green	第3章	118	183
	White	第4章	135	203
	Mix	第4章	152	220
	Mix	第5章	189	281
	Blue	第5章	196	289
アーティフィシャル・ドライ	Red	第4章	133	201
	Mix	第4章	150	218
	Mix	第4章	153	222

目 次
Contents

この本で紹介する3つの異素材　002

素材別 Index｜索引　005

| Chapter 1 Gifts & Bouquets |　1-49/200

第 1 章　贈る、貰う
ギフトとブーケ　013

| Chapter 2 Accessories |　50-83/200

第 2 章　使う、身に着ける
小物とアクセサリー　077

| Chapter 3 New Year & Christmas |　84-122/200

第 3 章　イベントを楽しむ
正月とクリスマス　135

| Chapter 4 Wreaths & Swags |　123-183/200

第 4 章　掛ける、吊るす
リースとスワッグ　189

| Chapter 5 Ornaments |　184-200/200

第 5 章　インテリアになじむ
オブジェ　275

Visual Index｜索引　295

掲載作品協力者｜問い合わせ先一覧　309

| Chapter 1 Gifts & Bouquets |

1-49/200

第1章　贈る、貰う
ギフトとブーケ

イベントやお祝いなど花を贈るシーンはさまざま。そんな時のプレゼントの用意に、異素材の花はおすすめです。贈る側も、受け取る側も、取り扱いが楽なのは異素材のよいところ。生花とは違って、大事なイベントの前日にわざわざ花を用意しなくてもよいのです。しかも、長期間変わらぬクオリティを保つため、思い出の品をずっと飾っておくことも……。この章では贈り物のギフトとブーケをテーマにデザインを選びました。

| Chapter 1 Gifts & Bouquets | Main Color／●Pink | Material／プリザーブド・アーティフィシャル |

1/200
生花にもひけをとらない
ナチュラルスタイル

Flower & Green
バラ（プリザーブド）、実もの、
グリーン各種（以上アーティフィシャル）

主役はオールドローズ。幾重にも重なる花びらとカップ咲きの花型が魅力。合わせるグリーンにはアーティフィシャルフラワーを使用。その精巧さとプリザーブドの瑞々しさを融合させている。

制作／magnolia　撮影／佐々木智幸

| Chapter 1 Gifts & Bouquets | Main Color／Mix | Material／プリザーブド |

2/200
大人の女性に贈る
シックなバラアレンジ

Flower & Green
バラ、アリシエール、
ラグラスバーガンディー
（すべてプリザーブド）

アンティーク調のローズ柄の器に、深めのピンクや赤で大人っぽくシックに仕上げた。赤い穂で動きを出して個性をプラス。大人の女性に贈りたい華やかなアレンジメント。バラの花びらについたきらめきもポイントに。

制作／横山直美　撮影／佐々木智幸

Chapter 1 Gifts & Bouquets　　Main Color／Mix　　Material／プリザーブド

3/200

（上）
想い伝える本命ギフト

Flower & Green
バラ（プリザーブド）

純白のハートの器を真っ赤なバラと花びらで埋め尽くし、キャンディー包みでかわいらしくラッピング。花びらには「Love forever」と手書きのメッセージを添えて。本命の返礼に想いが伝わるホワイトデーギフトの提案。

（下）
バラと蝶の春色アレンジ

Flower & Green
バラ、ラグラス、カーネーション、ホワイトコーン、アイビー、ソフトアスパラ（以上プリザーブド）、ソラフラワー

春を感じるピンクのグラデーションに、蝶のクリスタルピックでワンポイントの輝きをプラス。ラメをあしらったリーフの枝で動きを出し、ライトな華やかさをイメージした。ギフトやインテリアとして。

制作／横山直美　撮影／佐々木智幸

Chapter 1 Gifts & Bouquets　　Main Color／●Pink　　Material／プリザーブド

4/200
ゴージャス プリアレンジ

Flower & Green
バラ、アジサイ、
ダスティーミラー、ほか
（すべてプリザーブド）

同系色のプリザーブドフラワーでまとめたアレンジメント。企業からのお歳暮用のギフトに。華々しくゴージャスであり、タッセルなどの小物使いが光る。

制作／まるたやすこ　撮影／タケダトオル

Chapter 1 Gifts & Bouquets　　Main Color／●Beige　　Material／プリザーブド

5/100

装飾にも
プレゼントにも使える

Flower & Green
モス、アジサイ（すべてプリザーブド）

高さ9cmほどの小さなギフト。ウェディング会場のウェルカムスペースの演出にも、一役買うアイテム。ウェルカムボードの側にいくつか飾るだけでより華やかな印象に。

制作／ジィール　撮影／川瀬典子

Chapter 1 Gifts & Bouquets　　Main Color／Mix　　Material／ドライ

6/200
アンティークの器を使って

Flower & Green
左／カンガルーポー、ニゲラ、キク、コットンブッシュ、ケイトウ
中央／ベニバナ、ラベンダー、イガナス、キク
右／ケイトウ、ペッパーベリー、アンバーバーム（すべてドライ）

シュガーポットなどの器にフローラルフォームをセットし、小さなアレンジに。ちょっとした場所に置くだけでもヴィンテージライクな世界観を演出できる。

制作／1er ÉTAGE　撮影／タケダトオル

Chapter 1 Gifts & Bouquets | Main Color／●Pink | Material／プリザーブド

7/200
インテリアに合う
ナチュラルな色合い

Flower & Green
モス、アジサイ、バラ（すべてプリザーブド）

メッセージが入ったピックを挿せ、日頃の感謝やお祝いの気持ちを伝えることができるギフト。モスはバラの色みに合わせて、濃いグリーンや黄味がかっているシャビーなものをセレクトした。

制作／ジィール　撮影／川瀬典子

| Chapter 1 Gifts & Bouquets | Main Color／Mix | Material／ドライ |

8/200
アンティークのポットアレンジ

Flower & Green
バラ、アストランチア、リューカデンドロン、ユーカリ（実）、ガマズミ、ユーカリ・ポポラス、ハン（実）（すべてドライ）

イングリッシュアンティークのガーデニング用ミニ素焼きのポットを利用し、ここに合う色の花をアレンジしたギフト。小さいながらも存在感があり、贈ったり、飾ったりしやすい雰囲気。

制作／佐藤恵　撮影／岡本修治

Chapter 1 Gifts & Bouquets　　Main Color／● Mix　　Material／プリザーブド

9/200
ホワイトデー用の豪華ギフト

Flower & Green
バラ、カラー、
ベアグラス（すべてプリザーブド）、ほか

プリザーブドのバラをアクセサリーのように作品に絡めて使用。細身のワイヤーで動きを出しながら、華やかさをプラスした。純白の小さなカラーで、凛としたプロポーションに。

制作／今野亮平　撮影／佐々木智幸

Chapter 1 Gifts & Bouquets　　Main Color／●Pink　　Material／プリザーブド

10/200
スパイシーな甘さが人気

Flower & Green
バラ、ユーカリ・ポポラス、ヤマシダ、
アジサイ、アジアンタム（すべてプリザーブド）

ブラウンの円形ボックスや同系色のリボンを使った演出が魅力のアレンジメント。甘さ控えめのグレイッシュピンクのバラに、白を合わせ、品がありながらもクールな雰囲気に。

制作／中野裕子　撮影／徳田悟

Chapter 1 Gifts & Bouquets　　Main Color／●Black　　Material／プリザーブド

11/200

たっぷりのバラを贅沢に

Flower & Green
バラ、カーネーション
（すべてプリザーブド）、
ほか

バラをたっぷり使った贅沢なアレンジ。花の中、割れた部分に光るクリスタルもポイント。プリザーブドの長所を凝縮したデザイン。人目に触れにくい裏側も葉物できちんとカバーをしている。

制作／今野亮平　撮影／佐々木智幸

| Chapter 1 Gifts & Bouquets | Main Color／●Beige | Material／プリザーブド |

12/200
シャビーシックな ウェディング

Flower & Green
アジサイ（プリザーブド）

プリザーブドのアジサイで作ったリースをウェルカムボードにかけて。キャンバス地のナチュラルな素材に、繊細なアジサイの質感が合う。

13/200
ありがとうがぎゅっと詰まったバスケット

Flower & Green
バラ(プリザーブド)、パームフラワー、カーネーション、アーティチョーク、バラ、プロテア、エキナケア、スターチス、タデ(以上ドライ)

母の日のドライフラワーギフト。インテリアとの調和を壊さないナチュラルなアレンジ。ワンポイントは、さりげなく入れたプリザーブドのバラ。ドライフラワーと相性がよいものだけを、ほんの少し混ぜることでアクセントに。

制作／深田衣美　撮影／徳田悟

| Chapter 1 Gifts & Bouquets | Main Color／Mix | Material／プリザーブド |

14/200
単体でも
組み合わせても

Flower & Green
アジサイ（プリザーブド）

脚付きガラス台に乗せられた小ぶりなリース。中央に置かれたキャンドルを灯せば、アンバーの香りとオレンジ色の炎の灯りが部屋に広がる。

Chapter 1 Gifts & Bouquets　　Main Color／Mix　　Material／ドライ

15/200
ナチュラルワインに花の冠

Flower & Green
ドライフラワー各種

ワイン販売を考えるショップのオーダーを受けて考え出したデザイン。リボンで結ばれたドライフラワーのミニアレンジは、まるで瓶がかぶる花冠のよう。ワインのコンセプトを表現すると同時に、さまざまな楽しみ方ができるオブジェとして。

制作／高橋有希　撮影／野村正治

Chapter 1 Gifts & Bouquets | Main Color／●Red | Material／ドライ

16 /200
大地からの誕生

Flower & Green
ドライコーン、ヤシの実（以上ドライ）、ヤドリギ

何かが生まれるようなイメージで制作したという作品。器に敷き詰められているのは、ドライコーンの実。割れたヤシの実から飛び出すのはヤドリギの葉。まさしくこの瞬間に生まれた命の躍動感が表現されている。

制作／西別府久幸　撮影／加藤達彦

Chapter 1 Gifts & Bouquets　　Main Color／● Mix　　Material／ドライ

17/200
おめでとう！春の門出を祝って

Flower & Green
シャクヤク、アジサイ、ブラックベリー、チスパ、
ユーカリ、ルスカス、シラカバ（すべてドライ）

ぽんぽんと飛び出すシラカバの枝から、春の躍動を感じるアレンジメント。入学や新築へのお祝いなど、これから何かを始めようという人に贈りたい。

制作／深田衣美　撮影／徳田悟

Chapter 1 Gifts & Bouquets | Main Color／Mix | Material／プリザーブド・アーティフィシャル

18/200
花のある空間を彩るすてきアイテム

Flower & Green
アジサイ、バラ（以上プリザーブド）、グリーン各種、実もの各種（アーティフィシャル）、ほか

空間に加えることで、その場所を魅力的に見せることができるフォトフレームとリース。ややくすみのあるアンティーク調のピンクはどんな層からも人気。

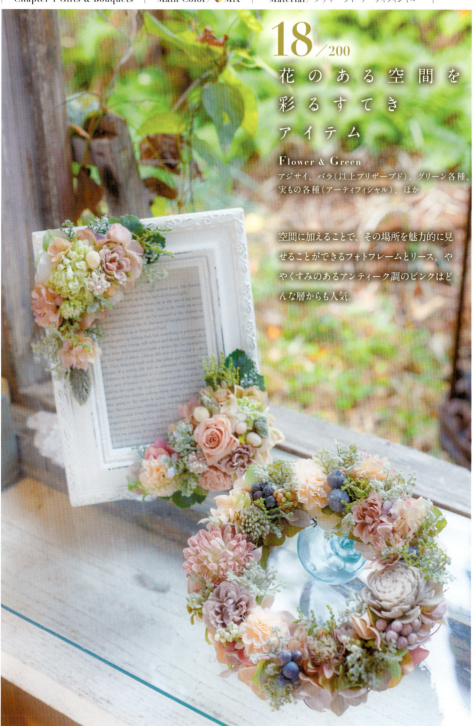

制作／古川さやか　撮影／タケダトオル

Chapter 1 Gifts & Bouquets　　Main Color／●Green　　Material／プリザーブド

19/200
グリーンのモダンインテリア

Flower & Green
シクラメンリーフ、レザーファン、アジアンタム、ラムズイヤー、
ガーデニアリーフ、ソフトプールモス（すべてプリザーブド）

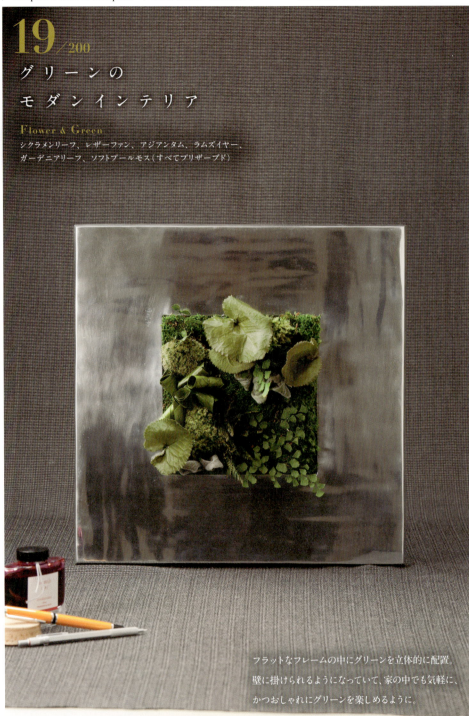

フラットなフレームの中にグリーンを立体的に配置。
壁に掛けられるようになっていて、家の中でも気軽に、
かつおしゃれにグリーンを楽しめるように。

制作／今野亮平　撮影／佐々木智幸

| Chapter 1 Gifts & Bouquets | Main Color／Mix | Material／ドライ |

20/200

木枠から溢れる フレームアレンジ

Flower & Green
バーゼリア、ヒマワリ、サラセニア、バラ、アンスリウム、ゼンマイ、ビバーナム、オレンジ、アジサイ、ケイトウ、アイスランドモス、ヨウシュヤマゴボウ、オクラ、ハス、ヒオウギ、ヒカゲ、シナモン（すべてドライ）、ほか

ナチュラルな木枠に花が立体的に配されており、溢れ出るようなデザイン。上から飛び出したサラセニアが、愛嬌があってかわいらしい。

制作／高橋有希　撮影／三浦希衣子

Chapter 1 Gifts & Bouquets　　Main Color／●Red　　Material／プリザーブド

21/200
高級感に包まれる
深紅のバラ

Flower & Green
バラ（プリザーブド）

プリザーブドフラワーで作ったエレガントなアレンジメント。真っ赤なバラの花びらで埋め尽くされたゴージャスかつ艶やかなデザイン。

制作／ランドスケープ　撮影／佐々木智幸

Chapter 1 Gifts & Bouquets　　Main Color／●Pink　　Material／プリザーブド

22/200
ピンクのグラデーションを描く

Flower & Green
バラ、ダリア、デンファレ、アジサイ、カーネーション、ルスカス、ペッパーベリー、サンウィーパイン、（以上プリザーブド）、アリシエール、ストローパイン

ストローパインを使って立体的な空間を作り、中に花を閉じ込めることで自然な雰囲気に。ストローパインにはグリーンを絡めて生命力を感じさせる動きを出す。形状や色のニュアンスが異なるピンクの花を高低差をつけて配置し、疎密感を出すことで、生花のように瑞々しい色合いを表現した。

制作／今野亮平　撮影／佐藤和恵

Chapter 1 Gifts & Bouquets　　Main Color／●Green　　Material／プリザーブド・アーティフィシャル

23/200
プリザーブドのモスを使った ウォールデコ

Flower & Green
モス、カスミソウ、シダ（以上プリザーブド）、アーティフィシャル各種、ほか

ペイントした土台に、ハートやバッグ型などさまざまな形にカットしたフローラルフォームを固定、そこにモスを留め付けている。新築祝いなどに気軽に贈ることができる。

制作／佐野寿美　撮影／タケダトオル

Chapter 1 Gifts & Bouquets | Main Color／○White | Material／プリザーブド・アーティフィシャル

24/200
資材の特性を生かして
オリジナリティを

Flower & Green
バラ、ヒイラギ（以上プリザーブド）、実もの（アーティフィシャル）、小枝、ほか

箱がラッピングを兼ねていてそのまま飾れるギフト。ディスプレーする場合は小枝で蓋を押さえて軽く固定。ラッピングの際は小枝を抜いて蓋をするだけ！

制作／蛭田謙一郎　撮影／三浦希衣子

| Chapter 1 Gifts & Bouquets | Main Color／●Red | Material／アーティフィシャル |

25 /200
ラメ入りで華やかに

Flower & Green
バラ、モス（以上アーティフィシャル）、実もの、ほか

花自体にきらめきを加えたり、実際にはない色合いを楽しめるのは、アーティフィシャルならではの魅力。キラキラ感のある資材と合わせて思い切り豪華で華やかなギフトに。

制作／蛭田謙一郎　撮影／三浦希衣子

| Chapter 1 Gifts & Bouquets | Main Color／●Red | Material／プリザーブド |

26/200

パワーストーン×花!?

Flower & Green
アジサイ（プリザーブドフラワー）

「めくるめく好奇心」がテーマのギフトオブジェ。使用したパワーストーンはアメジスト。自然をモチーフにしたオブジェはアリの模型とホロホロ鳥の羽根。アメジストは「恋の悪酔いから守ってくれると云い伝えられ、恋のサポート役としても適任」というストーリーも魅力的。

制作／大杉隆志　撮影／佐々木智幸

Chapter 1 Gifts & Bouquets | Main Color／●Pink | Material／プリザーブド・アーティフィシャル

27/200
柔らかな光とローズの スイートフラワーギフト

Flower & Green
バラ、アジサイ（以上プリザーブド）、ライラック、ビバーナム、ワイヤープランツ（以上アーティフィシャル）

パールピンクのボックス、サテン地のリボン、コットンパールなど花の色を柔らかく映し出す素材をいくつか組み合わせることで光と色の相乗効果が生まれ、優しくも深いペールトーンのアレンジに。

制作／本村祐子（松村工芸）　撮影／佐々木智幸

Chapter 1 Gifts & Bouquets | Main Color／●Pink | Material／プリザーブド

28 /200

想いを伝える
ボックス

Flower & Green
バラ、アジサイ、カーネーション、
ヘリクリサム（すべてプリザーブド）

ピンクのバラ、紫のアジサイ。パステル調の配色にすることで優しい雰
囲気を作り出す。甘くロマンチックなムードのボックスフラワーが、最
高のひとときを演出してくれそう。ビジュアル面だけでなく、ボックスを
閉じたときに花がぶつからない高さにする気遣いも忘れない。

制作／Patisserie+Flower　撮影／佐々木智幸

Chapter 1 Gifts & Bouquets　　Main Color／●Pink　　Material／プリザーブド

29/200
音楽と花で奏でるプロポーズ

Flower & Green
バラ、アジサイ、
ほか（すべてプリザーブド）

まるでジュエリーボックスのような小さな小箱を開けると、静かなオルゴールの音楽が流れ出し、ふわりとしたピンクのバラが表れる。バラの花びらにはオプションでオリジナルのメッセージを入れることも可能で、大事な人への贈り物に。

制作／Patisserie+Flower　撮影／佐々木智幸

Chapter 1 Gifts & Bouquets　　Main Color／●Beige　　Material／ドライ

30/200
かわいくて
使えるボックス

Flower & Green

ヒマワリ（実）、ワタ（実）、ケイトウ、
シルバーブルニア、ネコヤナギ、
ラグラス、ラムズイヤー、ダリア、
マツカサ（すべてドライ）、ほか

木のボックスに詰まったふわふわ、モコモコした柔らかな世界。ボックスに厚みがあるので上に小物をディスプレーすることもできる。

制作／高橋有希　撮影／野村正治

Chapter 1 Gifts & Bouquets　　Main Color／Mix　　Material／ドライ

31／200
手土産にぴったりのギフトボックス

Flower & Green
黄色／スイートピー、
ラグラス、ポアプランツ、
デュモサ、ヒカゲノカズラ、
リューカデンドロン
（ライムブッシュ、ジュビリークラウン）
ピンク／バラ'クールウォーター'、
ケイトウ、スターチス、センニチコウ、
ペッパーベリー、ポアプランツ、
ラグラス、デュモサ、ヒカゲノカズラ
白／ラムズイヤー、ダスティーミラー、
アジサイ、ラクスパー、ラグラス、
キンポウジュ、デュモサ、ユーカリ（実）、
ヒカゲノカズラ（すべてドライ）

ジュエリーボックスのイメージで、旬の花をギュッと詰めたアレンジ。大小の花の間にグリーンを入れて変化と立体感を出している。蓋が閉まるので、ほかのギフトと合わせても贈りやすい。

制作／佐藤恵　撮影／岡本修治

Chapter 1 Gifts & Bouquets | Main Color／●Beige | Material／ドライ

32/200
サプライズ ラッピング

Flower & Green
アジサイ、ライスフラワー、ミモザ、
ユーカリ・ポポラス、ユーカリ・グロボラス、
シルバーブルニア、
スモークツリー（すべてドライ）

ブック型のボックスにドライフラワーをアレンジ。アクセサリーや文房具など、とっておきのプレゼントを引き立てるラッピングとして使ってもよさそう。ボックスは立てても飾れる。うれしい驚きいっぱいのサプライズギフト。

制作／フローリストリルケ　撮影／野村正治

Chapter 1 Gifts & Bouquets | Main Color／●Green | Material／ドライ

33/200
空間を意識する薬瓶アレンジ

Flower & Green
左／フウセンカズラ、牧草
右／シャリンバイ、ヤマゴケ（すべてドライ）

さまざまな色合いのドライを詰め込むより素材を選び、空間を生かしたアレンジに。瓶に入れるだけでも植物の細部をじっと観察する機会となる。ラベルには入れた植物の名前が英名で。

34/200
ドライ化
しやすい
生花と

Flower & Green
ヒエ、カスミソウ、ニゲラ、
シルバーブルニア、
ヘデラベリー、ベアグラス（以上ドライ）、
シノブヒバ、ルリタマアザミ

ドライにしたベアグラスを巻いて仕上げた、シャンペトル風のブーケ。ドライ花材だけでなく、水落ちしにくく、そのままドライになりやすい生花とも組み合わせた。

35 / 200
密に織り成すウェディングブーケ

Flower & Green
スターチス、トリフォリウム・ルーベンス、スカビオサ、デルフィニウム、オレガノ、アゲラタム、シャグマハギ、シャクヤク、クレマチス、スモークグラス、ルリタマアザミ、アネモネ、アスチルベ、ニゲラ、バラ、コットンブッシュ、ライスフラワー、マトリカリア、キク(すべてドライ)

多種のドライフラワーを使ったウェディングブーケ。丁寧にスパイラルでステムを組んだ、美しいラウンド形。ドライフラワーは折れやすいという弱点もあるので、これだけのスパイラルを組んでいくのは難しい。

| Chapter 1 Gifts & Bouquets | Main Color／Mix | Material／ドライ |

36/200

クールなあの人への
贈り物に

Flower & Green
バラ、ダスティーミラー、アジサイ、スカビオサ、コデマリ（すべてドライ）

アジサイに赤系のバラを2種組み合わせて。バラの品種は
「アンダルシア」。個性的な花だが、ドライフラワーにして
もおもしろい。毛羽立った質感のダスティーミラーはドライ
にすると白さがより際立つ。

制作／farver 撮影／佐藤和恵

Chapter 1 Gifts & Bouquets | Main Color／●Beige | Material／ドライ

37/200

素 材 は
「 雑 草 」！？

Flower & Green
ヒメコバンソウ（ドライ）

俗に雑草と呼ばれている植物でもドライフラワーはできる。写真は、ヒメコバンソウのブーケ。道端でよく見かける植物だが、ドライフラワーで使おうと思えば、綺麗な状態で採れるタイミングは限られる。また、下処理の手間もかなり大変で、雑草といえど、扱いは楽ではない。

Chapter 1 Gifts & Bouquets　　Main Color／●Purple　　Material／プリザーブド・ドライ

38/200
人気急上昇中の リース型ブーケ

Flower & Green
ユーカリ、アジサイ
（以上プリザーブド）、
ローズマリー、
スターチス'ブルーファンタジア'、
ラベンダー、アストランチア、
スモークツリー、ライスフラワー、
リアトリス、ユーパトリウム、
蔓（以上ドライ）

ウェディングシーンでも注目される
ドライフラワーのリースブーケ。手
首にかけて持つ。ハーブ系の素材
を混ぜることで、箱を開封した時
に香りを楽しめるという配慮も。

制作／大井愛美　撮影／北恵けんじ（花田写真事務所）

39/200
大人かわいいフラワーボール

Flower & Green
アジサイ（プリザーブド）、
モス（アーティフィシャル）、
ムタンバナッツ、パクリ（以上ドライ）、
ラタンボール、ソラフラワー、ほか

タッセル付きのフラワーボールは、直径10cmほど。吊るして飾れば場所を選ばない。色のトーンを合わせて、花材の大きさも揃えて制作するのがポイント。ギフトシーンでは、タッセルにプラスチックカバーを巻いて。

Chapter 1 Gifts & Bouquets Main Color／○White Material／プリザーブド・アーティフィシャル

40/200
扇子をベースにした軽くて持ちやすい和装用ブーケ

Flower & Green
バラ、カトレア、チューベローズ
（以上プリザーブド）、スマイラックス、
アスパラガス、
ライラック（以上アーティフィシャル）

和装用のウェディングブーケ。無地の扇子に千代紙を貼り、水引を通して土台にするアイデア。こうすることで装飾性と和の雰囲気がより高まる。衣装に合わせて千代紙の色や柄を変えれば、無限にバリエーションが広げられる。

制作／神保豊　撮影／徳田悟

| Chapter 1 Gifts & Bouquets | Main Color／●Pink | Material／プリザーブド・アーティフィシャル |

41/200
定 番 色！
ピンクのブーケ

Flower & Green
バラ、チューベローズ、
アジサイ（以上プリザーブド）、
グリーン各種（アーティフィシャル）

フレームのハート形を生かし、流れるようなエレガントなデザインに。明度や彩度の違うピンクのバラはグラデーションを意識して配し、オーガンジーやサテンなど異なる質感のピンクのリボン4種類で色をリピート、ピンクを強調している。フレームにもリボンを絡ませることで花と一体感を出す。

制作／今野亮平　撮影／佐藤和恵

| Chapter 1 Gifts & Bouquets | Main Color ／ ●Beige | Material／ドライ |

42 / 200
送迎の贈り物としても人気

Flower & Green
アジサイ（ドライ）

立派なアジサイの1本巻き。ナチュラルな色合いでまとめたシンプルなデザイン。麻の硬さのあるラッピングシートは素材感もいいが、それだけでなく花の保護も兼ねる。付属のレザーコードとクリップで好きなところに吊るすことができ、飾り方も多彩。

制作／フローリストリルケ　撮影／野村正治

Chapter 1 Gifts & Bouquets | Main Color／●Purple | Material／アーティフィシャル

43/200
エレガントな
キャンドルアレンジ

Flower & Green
アネモネ、ライラック、ムスカリ、
ビオラ、アジサイ、シキミア、
デルフィニウム
（すべてアーティフィシャル）

ライラックやアネモネなど花材の季節感を統一して早春を演出した。カラーコーディネートにこだわり、リラ、モーヴ、マゼンタなど、フランスのエレガントな色みを選択。パリの復活祭（イースター）のシンボルカラーでまとめている。

制作／志村美妻　撮影／三浦希衣子

| Chapter 1 Gifts & Bouquets | Main Color／●Red | Material／ドライ |

44/200
カラフル、カラフル！

Flower & Green
シルバーデイジー、
ボタンフラワー、リンフラワー、
フェザーグラス（すべてドライ）

個性的な女性に似合うブーケをイメージして制作。明るい色を豊富に使って、元気の出るような印象に仕上げた。ブーケの土台となるアシストの部分は毛糸やウールボールなどで制作。

制作／浜川典利　撮影／三浦希衣子

Chapter 1 Gifts & Bouquets | Main Color／Mix | Material／アーティフィシャル

45/200
6月の花嫁

Flower & Green
トケイソウ、アジサイ、バラ、
ストック（すべてアーティフィシャル）

大人かわいいバックブーケは、トケイソウとアジサイのアーティフィシャルフラワーを使用。シンプルなドレスに柔らかく揺れるトケイソウが花嫁をより一層引き立てる。

制作／吉村美恵　撮影／三浦希衣子

| Chapter 1 Gifts & Bouquets | Main Color／○White | Material／アーティフィシャル |

46/200
クリスマスローズのブーケ

Flower & Green
バラ各種、アイビー、
クリスマスローズ（すべてアーティフィシャル）

アーティフィシャルフラワーのクオリティの高さは、近年生花と見紛うほどにまでなった。その質感を生かすために、あまり形を作り込みすぎずに、「ただ束ねただけ」というナチュラルな雰囲気に仕上げた。上質なレースと合わせて。

制作／志村美妻　撮影／三浦希衣子

Chapter 1 Gifts & Bouquets　　Main Color／●Green　　Material／プリザーブド

47/200
自然の中で行う
ウェディング

Flower & Green
ユーカリパルバレンタ、バンクシアバクステリー、
サゴ、ティートゥリーローサ、
ケイパーズ（すべてプリザーブド）

小さな花と大胆なバンクシアを合わせたブーケ。花材はすべてオーストラリアプリザーブドフラワー。ユーカリのくすんだ色が、野性みを表現していて、かわいすぎない雰囲気に。花材の大小にかなりの差があるので、丁寧にバランスを見ながらラウンド形に組み合わせた。

制作／北原みどり　撮影／三浦希衣子　　　　065

Chapter 1 Gifts & Bouquets　　Main Color／●Red　　Material／アーティフィシャル

48 /200
違和感を楽しむブーケ

Flower & Green
コチョウラン、クリスマスローズ、スカビオサ、マンザニータ、コウモリラン（すべてアーティフィシャル）

和洋が入り混じったテイストで、変わった印象を受ける花束。テーマは「異変」。花材は結束バンドで何箇所かを留めている。アーティフィシャルだからこそのテクニックで、リボンよりもしっかりと固定できる。結束部分が見えないようラフィアで隠し、布で巻いたら立派なギフトに(右)。

制作／梶尾美幸　撮影／三浦希衣子

Chapter 1 Gifts & Bouquets　　Main Color／●Blue　　Material／アーティフィシャル

49/200
サムシングブルーで永久の幸せを

Flower & Green
ダリア、アストランチア、アジサイ、ヤグルマギク、アンスリウム、スカビオサ（すべてアーティフィシャル）

ブライダルシーンにおいて、青いものを身に着けると幸せになるという「サムシングブルー」をテーマにリースブーケ(左)とブートニア(右)を制作。アンスリウムが入ることで南国感を表現しながら、小花を埋めることで可憐さもミックス。

制作／梶尾美幸　撮影／三浦希衣子

優雅で濃厚な大輪メリア

Flower & Material
バラ、キク、ケイトウ、シルバーリーフ（以上プリザーブド）ハス、ペッパーベリー（以上ドライ）、ベゴニア（アーティフィシャル）、ワイヤー

一輪で多大なインパクトを与えるオリジナルフラワーは、フェザリングとツイスティングのテクニックで作ったもの。ラメの入ったワイン色のバラの花びらがとてもゴージャスな印象で、高級感を演出したい空間によく似合うアレンジに。

How To Make

1 ドライのハスの実にツイスティングで#26ワイヤーをかける。

2 ①の周りにばらしたケイトウをグルーで貼り付ける。

3 キクをフェザリングする。花びらがバラバラにならないように、きっちりとワイヤリングしよう。2輪のキクからパーツをたくさん作る。キクの花びらは柔らかいので、#28ワイヤーを使用。

4 ②の周りをフェザリングしたキクで囲む。

5 バラを花びらだけにしたものを、④の周囲にグルーで貼り付ける。

Point

◆フェザリングは手間がかかるテクニックだが、高価なプリザーブドを小分けにすることでコストを抑えられるうえ、長く飾れるのでコストパフォーマンスも◎。

◆キクとハスの実の間に入れたケイトウの色が、ハスの実のメタリックカラーをより明確に浮き立たせる。

きらめく大人のクリスマス

Flower & Material
キク（プリザーブド）、リボン、オーナメント、ワイヤー

ダークレッドのピンポンマムをメインに、色数を押さえた落ち着いた華やかさ。クリスマスのお祝いらしく、キラキラとしたオーナメントボールを入れてきらめきを加えた。オーナメントのシルバーとリボンの模様がリンクして全体に統一感を出している。

How To Make

1 ステムの下から上に挿し通し、先端をフックにして引き下ろすインサーションフックでキクをワイヤリング。花びらの中からワイヤーが見えないように。

2 すべてのキクを同様に準備し、フローラルフォームをセットしたフレームに挿していく。高低差を付けて立体感を意識する。内側も忘れずに。

3 オーナメントは先端にグルーを付けたワイヤーを挿すインサーションで処理し、フォームに挿していく。左下にグルーピングして配置し存在感を出す。

4 ツイスティングしたリボンを、花とフレームの隙間を埋めるように挿していく。最後にチャームを飾り付けて完成。

Point

グルーで貼り付けてしまわずワイヤリングで制作することで、クリスマスシーズンが過ぎたら解体して、素材を繰り返し使うこともできる。エコで経済的。

モコモコした葉を主役に!

Flower & Material
ティブチナ(プリザーブド)、実もの(アーティフィシャル)、ワイヤー

ベルベットのような質感の葉でブーケを作り、柔らかな秋のあしらいに。暖かい日の光の中に佇む姿は、小さな観葉植物のような愛嬌。ガーランドは絡めているだけなので、季節によって花物にしたりリボンやオーナメントにしたりとコーディネートを楽しむことも可能だ。

| Chapter 1 Gifts & Bouquets | Main Color／●Green | Column／プリザーブド花材のワイヤリングテクニック |

How To Make

1 ティプチナの葉をヘアピンの手法でワイヤリングする。#26ワイヤーを使用。とても柔らかいため強すぎるワイヤーだと切れてしまうので注意。

2 ワイヤーを隠すために、同じ葉を裏に重ねてグルーで貼る。少しずらして貼ると表から葉裏の色が見えてアクセントになる。

3 アーティフィシャルの実ものを切り分けてワイヤーをかけてガーランドを作っておく。

4 ②を束ねて、テーピング。今回はティプチナ32枚を使用した。

5 ④にガーランドを絡ませる。

6 器に入れて完成。

Point

このプリザーブドの葉はくったりとして張りがないので、通常より高めのところにワイヤーをかけてサポートした。そうすると葉先まで形がきれいに決まる。

制作／浅井薫子　撮影／佐々木智幸

ふんわり柔らかな冬のウェディング

Flower & Material
バラ、実付きアイビー、ラムズイヤー（以上プリザーブド）、
ワイヤープランツ（アーティフィシャル）、パール、カールワイヤー

清らかで繊細な白バラを守るかのようにオリジナルのフレームがガードするブーケ。ラムズイヤーの質感と色を生かしたフレームは温かな雰囲気で、冬のウェディングにぴったりだ。繰り返し使えるのもうれしい。

How To Make

1 アルミワイヤーにラムズイヤーをグルーで貼り付けていく。持ち手となる部分以外はワイヤーがきちんと隠れるよう丁寧に貼り重ねて。アルミワイヤーはテーピングしたほうがよい。これを7本制作。

2 パールを通したカールワイヤーを用意しておき、①に巻き付ける。それによりラムズイヤーをワイヤーにしっかりと固定でき、デコレーションにもなる。

3 ②を輪にしてフローラルテープでテーピングする。7本すべて同様に。

4 ③を束ねてテーピングし、それぞれを好きな形に曲げる。

5 これがブーケのアシスト兼オリジナリティのあるデザインとなる。

Point

生花と同様の質感があるプリザーブドのラムズイヤーだからこそできるデザイン。ラムズイヤーの柔らかな毛が作り出す陰影が温かさと優しさをもって花々を包み込む。アルミワイヤーとラムズイヤーのフレームが立体的におもしろい動きを見せる。足下はとっておきのリボンで巻き上げて美しく仕上げた。

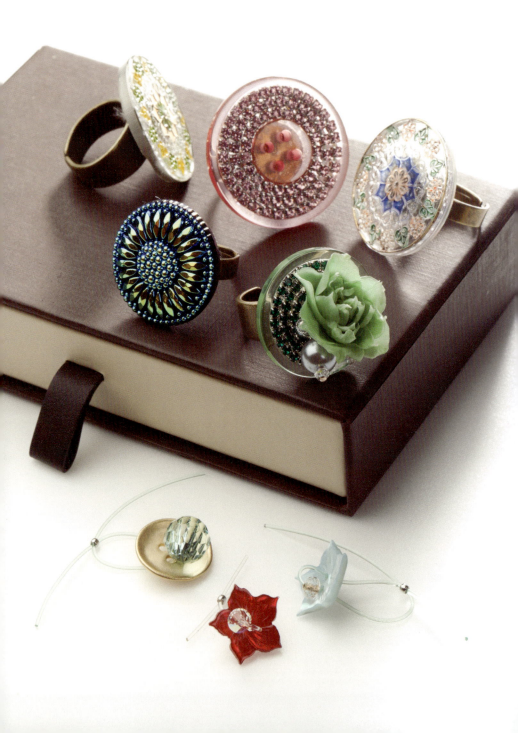

Chapter 2 Accessories

50–83/200

第 2 章　使う、身に着ける
小物とアクセサリー

「自分だけのフラワーアイテムを持ちたい」「オリジナルデザインのアクセサリーを身に着けたい」……そんな想いに応えることも異素材の花が得意とするところ。生花とは違って保水を必要としないことで、あらゆるデザインへと幅が広がります。日常使いのアイテムをかわいくデコレーションしたり、コサージュやネックレス、髪飾りなどを身にまとったり、花のモチーフが側にあるだけで花のパワーまでもらえるような……。そんな毎日がわくわく輝き出すデザインの数々を紹介します。

Chapter 2 Accessories　　Main Color／●Yellow　　Material／プリザーブド

50/200
バラの バッグハンガー

Flower & Green
バラ（プリザーブド）

ブライダルや店舗など、持ち運びを必要としないシーンに最適なプリザーブドフラワーのバッグハンガー。インテリアを兼ねた華やかさで場を演出。折りたためばオブジェにも。

制作／中川槇子　撮影／佐々木智幸

Chapter 2 Accessories　　Main Color／●Blue　　Material／プリザーブド

51/200
にぎやか
ステーショナリー

Flower & Green
バラ（プリザーブド）、マツカサ

味気のないステーショナリーも一手間加えるだけでインテリアのように。人目に付く場所に置くイメージで、一枚一枚グルーで花びらを貼り付けた。鉛筆の後ろにもバラをあしらえばグッと高級感がアップ！

制作／中川禎子　撮影／佐々木智幸

Chapter 2 Accessories　　Main Color／Mix　　Material／プリザーブド

52/200
スイーツアレンジと
ジュエリーフレーム

Flower & Green
クルクマ、アセビ、ゲイラックス、バラ、アジサイ、
ほか（すべてプリザーブド）

右のキャンディアレンジは、もこもこの毛糸で針金を巻いたベースを使用。菓子類を引っ掛けられるので、ヘアサロンなどの店舗でもオブジェ兼スイーツプレートとして活躍する。左はリボンや資材でかわいらしくデコレーションしたジュエリー掛け。

制作／中川慎子　撮影／佐々木智幸

Chapter 2 Accessories　　Main Color／○White　　Material／アーティフィシャル

53／200
リボンと花の
ふんわりスタンド

Flower & Green
バラ、アジサイ、ほか（すべてアーティフィシャル）

量販店で手に入る木製のスタンドをリメイク。土台の木の部分に、幅を合わせたリボンをグルーで巻き付け、上からレースリボンを重ねる。バラなど高さのある小さな花材を足元に、クリップの部分にはアジサイのような平らな花を貼る。

制作／中川窓加　撮影／佐々木智幸

| Chapter 2 Accessories | Main Color／●Green | Material／ドライ |

54 /200
光るドライフラワー！？

Flower & Green
キングプロテア、ダスティーミラー
（以上ドライ）、モス

自宅用、ギフトとしても人気の「あかりオブジェ」は、LEDランプの光を楽しむオブジェ。LED電球は熱くならないので安全。ドライから透ける光が魅力的。キングプロテアの中心部を抜き、そこにLED電球を取り付けて加工、植物の内側に防火スプレーを噴霧している。

※絶対にLED以外では作らないでください。同店では厳格な処理をして制作をしています。あくまでもLEDの明かりを楽しむオブジェです。ランプではありません。

制作／猪又俊介　撮影／德田悟

Chapter 2 Accessories　　Main Color／●Black　　Material／ドライ

55/200
ブートニアの代わりに カメの胸飾り

Flower & Green
古代米の稲穂、ドラセナ（すべてドライ）

おめでたい印象のカメをモチーフにした男性用の胸飾り。正月に玄関に飾るしめ飾りからヒントを得て制作。帯状に切った黒いドラセナ12本でカメを作り、同じく黒色の古代米の稲穂を下げて高級感を出している。紅白の水引をあしらいお祝いの雰囲気に。

| Chapter 2 Accessories | Main Color／○White | Material／アーティフィシャル |

56/200
ピュアな大振りコサージュ

Flower & Green
バラ、アジサイ、ダリア、ほか
（すべてアーティフィシャル）

厚手のフェルトを長方形に切り、それを土台にして上に花を貼り付けて制作した。アイボリー、オフホワイト、ピュアホワイトという白の清らかなグラデーションに、ライトグリーンのアジサイが柔らかく色を差す。

制作／中川窓加　撮影／佐々木智幸

57/200
華麗なコサージュ

Flower & Green
バラ、ダリア、ほか（すべてアーティフィシャル）

輝くビジューを散りばめ、ゴージャス感を演出。シックな色使いは、大人の雰囲気を高めながらもおしゃれ感をアップしてくれる。

| Chapter 2 Accessories | Main Color／Mix | Material／プリザーブド |

58/200

グラフィカルな リボン使い

Flower & Green
バラ（プリザーブド）

リボンとカットした布を、ロゼットの要領で形作ったヘッドピース。重なり合うリボンのひだやフォルムがゴージャスかつモダンで、尖ったデザインのドレスや和装にも似合いそう。インパクト大な色使いに、オーロラ色に輝くビニールリボンがベストマッチ！

How To Make

1 一定の間隔でリボンを重ね合わせながら糸で縫い付けている。これをたくさん作り土台に縫い付けた。布も細長くカットしてリボンとして使用。質感が異なるものを選ぶとおもしろい。

2 バラは一輪を細かく分けてワイヤリング。ビニールリボンも使いたい長さに切ってワイヤーをかける。

Point 裏から見た様子。土台には手芸店で購入したヘッドピース用のパーツを使用、その上にリボンを縫い付けて制作している。

| Chapter 2 Accessories | Main Color／○White | Material／プリザーブド・ドライ |

59/200

パーティーに大活躍のバレッタ

Flower & Green
アジサイ（プリザーブド）、
ナンキンハゼ、デイジー（以上ドライ）

髪に留めるだけで華やかさが演出できるバレッタ。冬のよそゆきスタイルを意識して、ふんわりと温かみのあるホワイト＆ゴールドの材料を組み合わせ、実もののシルバーをアクセントにまとめた。材料は小分けにし、地巻きワイヤーをかけてガーランド状にしてからバレッタに留め付け、両端のワイヤーが見える部分のみフローラルテープで固定している。

制作／深澤佳子　撮影／佐々木智幸

Chapter 2 Accessories　　Main Color／●Red　　Material／アーティフィシャル

ヘッドドレス。アーティフィシャルならではコチョウランの色を生かして制作。つぼみを先端に向け、下に向かってボリュームが出るように構成することがポイント。年末年始の和装のおでかけにもぴったりの艶やかさ。

60/200
和装の花嫁を艶やかに彩る

Flower & Green
コチョウラン、実もの、レースフラワー
（すべてアーティフィシャル）

制作／深澤佳子　撮影／佐々木智幸

Chapter 2 Accessories　　Main Color／Mix　　Material／ドライ

61/200
周囲の視線を釘づけ！ドライフラワーの蝶ネクタイ

Flower & Green
スターチス、カスミソウ、サルビア、ワイルドコットン、パンパスグラス（すべてドライ）

ドライフラワーを小さなパーツにして構成した蝶ネクタイ。アシンメトリーにすることで変化をつけた。アクセサリーらしいきらめきは、ビジューやビーズだと女性的になりすぎてしまうのでカラフルなスパンコールでプラス。パーティーやウェディングシーンで、コットンシャツなどややカジュアルなコーディネートに合わせたい。

制作／SAINT JORDI FLOWERS THE DECORATOR　撮影／佐々木智幸

Chapter 2 Accessories　　Main Color／●Red　　Material／アーティフィシャル

62/200
華やかエレガントな
バッグと付け襟

Flower & Green
バラ（アーティフィシャル）

黒一色のシンプルなバッグに、赤、ピンク系のミニバラと、ビジューリボン、メタリックカラーのリボンなどを貼り付けた。花の間にパールやクリスタル風のピックを入れてきらめきをプラス。付け襟はフェルトを襟の形にカットし、その上から黒のオーガンジーを貼り付けて土台を制作。バッグと対になるように同素材を貼り付けた。

Chapter 2 Accessories　　Main Color／Mix　　Material／プリザーブド

63/200
ナチュラル
キュートな冬の形

Flower & Green
ブラジルモス、アイスランドモス、アジサイ（すべてプリザーブド）

モス独特のシャビーな質感が楽しいイヤーマフ。市販のフェイクファーのイヤーマフにグルーガンを使い仕上げた斬新なアイテム。お散歩デートやちょっとしたハイキングに盛り上がりそう。左から、ブラジルモス、アイスランドモス、アジサイ。

カジュアルな雰囲気なので、ユニセックスなアクセサリーとしても。

制作／中口昌子　撮影／三浦希衣子

64/200
ドライ素材でふんわり軽い

Flower & Green
アジサイ（プリザーブド）、ラムズイヤー、センニチコウ、アザミ、ホワイトペッパー、チランジア・ウスネオイデス、スモークツリー（以上ドライ）、ほか

アンティーク調のリストレット。ゆるやかに褪せたような優しい花色は、ドライ素材ならではの魅力。軽くて装着のストレスがないのも◎。起毛したベルベットのような質感のラムズイヤー、ふわふわ舞うチランジア、風になびくオーガンジーのリボン。乙女心をくすぐるリストレットはウェディングや、ちょっとしたおめかしにも使えそう。

Chapter 2 Accessories　　Main Color／○White　　Material／プリザーブド・ドライ

How To Make

1 素材は裏側をワイヤーで巻いて、一つひとつパーツにしておく。ワイヤーは細めの#26〜28がおすすめ。芯となるワイヤーは太めの#24を、両側に輪を作ってねじり留めておく。

2 芯のワイヤーに一つずつパーツをフローラルテープで巻き留めていく。互い違いにパーツを配置して立体的になるように。パーツはすべて同方向に入れていくと作業しやすい。

3 芯のワイヤーにパーツをすべて付け終わったら、輪の部分にリボンを結び付ける。最後に表面にチランジアを絡ませて完成。装着はリボンを結んでフレキシブルに。

制作／上田翠　撮影／佐藤和恵

| Chapter 2 Accessories | Main Color／●Blue | Material／ドライ |

65/200
ノスタルジックな
魅力たっぷり

Flower & Green
アジサイ（ドライ）

オーガニック素材の優しいファッションに、派手すぎず、地味すぎず、可憐な彩りを添えるアジサイのアクセサリー。ペンダントだけでなく、ボンネとしても楽しめる。丁寧に束ねて形作ったアジサイを木製のポットスタンドにワイヤーで固定。平面でも曲面でも接地部分に合わせて調整できるので、自由に楽しめるのもメリット。

アクセサリーの裏側。木の小さなパーツを花柄に組んだポットスタンドなので、アジサイとの相性もぴったり。パーツの間の空間を生かして、ワイヤーで固定している。

制作／中口昌子　撮影／三浦希衣子

66/200
素朴で
ナチュラルなボンネ

Flower & Green
アジサイ（プリザーブドフラワー）、ラムズイヤー、センニチコウ、
アザミ、ホワイトペッパー、ユーカリ・ポポラス（以上ドライ）、
チランジア、スモークツリー、ソラフラワー、フィリカ、ほか

くすんだような色合いの小さな素材を組み合わせ、その上に
アンティーク風のレースを置いてアクセントに。野の花を集め
たような印象に仕上げた。わずかに色・素材が違う、長めに
とったリボンが、歩くとフワリと揺れてキュート。軽いので着け
疲れしないのも賢い。

Chapter 2 Accessories　　Main Color／○White　　Material／プリザーブド・ドライ

Point 1

手芸用品店などで手に入る市販のボンネ台とコーム。ボンネ台は大小さまざま、平らなものから立体的なものまで売っている。そのままだと味気ないので好みの布でカバー。

Point 2

今回は立体的なボンネ台を使用。カバーリングしたベースに素材をグルーで貼り付けていくのみ。コームは糸でボンネ台に縫い付けて固定する。

制作／上田翠　撮影／佐藤和恵

| Chapter 2 Accessories | Main Color ／ ●Purple | Material／アーティフィシャル |

67/200
Esprit de Paris!!

Flower & Green
パンジー、アジサイ
(すべてアーティフィシャル)

パリを思わせるような、シックでエスプリの効いた大人かわいいデザイン。アーティフィシャルフラワーにリボンの重ね使い、フランス製のパーツを散りばめて優美な印象に。パープルのグラデーションが、カットソーや秋色のワードローブに遊び心をプラスする。

制作／矢野佳奈　撮影／佐藤和恵

Chapter 2 Accessories　　Main Color／●Green　　Material／プリザーブド

プリザーブドフラワーのバラをTピンで留めるテクニックを応用して制作。白いコードとグリーン、薄水色のビーズの色合わせで涼しげな印象にまとめあげた。

68/200
爽やかな色合いのバラチョーカー

Flower & Green

バラ（プリザーブド：樹脂でコーティング加工したもの）

制作／坂口美重子　撮影／佐々木智幸

Chapter 2 Accessories　　Main Color／●Gold　　Material／ドライ

69/200

京の香り漂う
和風アクセサリー

Flower & Green
ススキ（ドライ）

先がくるんとカールしたドライ素材のススキの、形状のおもしろさが発想の源。ススキ同士が自然に絡み合う、ドライならではの性質を生かしてアシンメトリーにデザインした。ウェディングシーンをイメージし、留め具のところには赤い水引をあしらい、ススキには金箔を散らして豪華に。

How To Make

1 ススキ2～3本をバランスを考えて左右に振り分けて置き、首飾りのだいたいの形を決めたら茎を適当な長さにカットする。

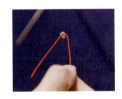

2 左右のススキをつなぐ。まず水引に鈴を通し、7cm程度のところで折り曲げる。

3 一方のススキの茎の先から4cm程度の位置に②をあて、長い方の水引を螺旋状に巻く。

4 茎の先端まで巻いたら、短い方の水引を使って玉結びにし、固定する。

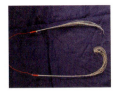

5 もう一方のススキの茎にも②～④の要領で鈴を付ける。両方のススキの穂先を合わせてネックレスの形にする。ドライ素材なので、糊を使わなくても自然に絡まる。

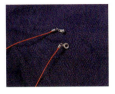

6 水引を中心でカットし、それぞれにネックレスの留め具を付ける。

7 スプレー糊を吹きかけ、金箔をピンセットで貼り付ける。全体にまんべんなく散らばるように。

70/200
軽やかな
アームコサージュ

Flower & Green
クラマゴケ、ヤマイモ（蔓）、アジアンタム
（以上すべてプリザーブド）

生花よりもカジュアルに身に着けて欲しいという思いから制作。プリザーブドのヤマイモの蔓を使用。その形状と動きを生かした、ガーデンウェディングにぴったりの、繊細で爽やかなアームコサージュ。

| Chapter 2 Accessories | Main Color／○White | Material／プリザーブド |

Point 1
アームコサージュの材料。左からアジアンタム、クラマゴケ、ヤマイモの蔓。

Point 2
ヤマイモの蔓は自然な動きを生かすため、つなげたワイヤーに絡めているだけ。アジアンタムとクラマゴケはグルーで貼り付ける。ワイヤーが入っているので自在に曲げることができ、保形性もある。

アームコサージュの長さは70cm程度。先端にはワイヤーとリボンで輪を作り、ここに小指を引っ掛けて腕に巻き付け、反対側の端に付けたリボンを二の腕に結ぶ。

71/200
さまざまな白を集めて

Flower & Green
アジサイ（アーティフィシャル）

多種多様な白のレースを集め、「白」にこだわったコサージュ。アーティフィシャルのアジサイを分解し、それをこんもりと盛るように貼り付けて仕上げた。ピュアな清らかさを感じる白のデザインは花嫁のアクセサリーとしてもぴったり。控えめにきらめくバロックパールの輝きがアクセント。

Chapter 2 Accessories　　Main Color／○White　　Material／アーティフィシャル

ほかに、フェルト、レース、ブローチピン、バロックパールを使用。

How To Make

1 アーティフィシャルのアジサイを小さな房に分けて、ワイヤリングとテーピングを行う。

2 立体的に見せたいレースはアジサイ同様ワイヤリングをしてパーツにしておく。

3 フェルトは作りたいコサージュより一回り小さめにカットしておく。そのフェルトに垂れ下がるレースを縫い付ける。

4 フェルトの上に重ねるように、グルーで花やレースを貼り付ける。

5 パールも同様にグルーで貼り付ける。アクセントになるようバランスを確認しながら。

6 フェルトの裏側にブローチピンを貼り付けて完成。

制作／柿原さちこ　撮影／佐々木智幸

アーティフィシャルフラワーとレースの付け襟タイプネックレス。華やかでいて、身に着ける女性を引き立てるようなデザイン。見た目のクオリティに反して制作手順が簡単なのもポイント。

72/200
大人の女性を輝かせる

Flower & Green

アーティフィシャルフラワー各種

Chapter 2 Accessories　　Main Color／●Green　　Material／アーティフィシャル

ほかに、フェルト(襟の形にカットしたもの2枚)、レース、金具類(デコレーションパーツ、チェーン固定用など)、チェーンを使用。

How To Make

1 襟の形にカットしたフェルトにチェーンを縫う。フェルトは中央で半分に折って使用し、左右対称になるように2枚ともチェーンにセットする。

2 チェーンの両端に装着用の金具を付ける。細かい作業はニッパーなどの工具があるとスムーズ。金具はチェーンの太さやテイストに合ったものを選ぼう。

3 アーティフィシャルフラワーとレースなどを、フェルトの上に程よく配置しグルーで貼り付ける。少し重なるようにすることで立体感が出てくる。

4 最後にビジューなども貼り付ける。長さのあるチャームを付けると動いた時に揺れてエレガント。取れたり落ちたりしそうなものは、糸で縫ってしっかり補強。

制作／柿原さちこ　撮影／佐々木智幸

73/200
エレガントジュエリー
Flower & Green
アーティフィシャルフラワー各種

軽量であるのに華やかな黒は、どんな洋服にもマッチしそうな万能選手。アーティフィシャルの花一輪を、花びらをばらしてさまざまな黒の異素材と取り合わせた。アンティークビーズとプラスチックパールのイヤリングと合わせればさらにネックレスの存在感が増す。

制作／柿原さちこ　撮影／佐々木智幸

Chapter 2 Accessories　　Main Color／●Black　　Material／アーティフィシャル

ほかに、フェルト（襟の形にカットしたもの2枚）、レース、ボタン、金具類（デコレーションパーツ、チェーン固定用など）、チェーンを使用。

How To Make

1　アーティフィシャルフラワーの花びらを1枚ずつ分解する。

2　フェルト2枚をグルーでしっかり貼り合わせる。このときチェーンの両端を挟み込む。

3　フェルトとチェーンを縫い留めて固定。チェーンの両端に装着用の金具を取り付ける。

4　フェルトの上に、①の花びらを程よく切り分けグルーで貼り付ける。その間にレースなども挟み込んでいく。

5　仕上げにキラキラしたボタンなどを貼り付けて完成。

Chapter 2 Accessories　　Main Color／○White　　Material／アーティフィシャル

74/200
ガーリーな魅力をまとう

Flower & Green
アーティフィシャルフラワー各種

アンティークショップで見つけた繊細で高価なヴィンテージの造花で作った、清楚でナチュラルなリストレット。小花をいくつも合わせ、花の間には数種類のヴィンテージリボンを入れて表情豊かに。特別な日だけでなく、日常使いでも楽しめる。

制作／片岡竜二　撮影／佐々木智幸

Chapter 2 Accessories　　Main Color／○White　　Material／プリザーブド

75/200
白い花びらと
パールをつないで

Flower & Green
バラ（プリザーブド：樹脂でコーティング加工したもの）

プリザーブドフラワーをさらに特殊加工して強度を持たせた花を、花びらごとに分解。一枚一枚を丁寧に、宝石のようにネックレスチェーンに散りばめた。留め具にもなっているパールの輝きがエレガント。夏のクールなドレスに加えたい、シャープな印象のアクセサリー。

制作／石山ふみ枝　撮影／佐々木智幸

ベルベットのような光沢の大人アクセ

Flower & Material
ティプチナ、ガーデニア（以上プリザーブド）、クリスタルビーズ、ワイヤー、紐、カチューシャ

上品な質感を持つティプチナのプリザーブドを、シワを寄せて貼り重ね制作。シンプルなドレスのワンポイントとして女性の美しさを演出してくれる存在感に。深い色合いとベルベットのような起毛素材は秋から冬のパーティーシーンに最適。

How To Make

1 ティプチナをくしゅっとギャザーを寄せて貼り合わせるのがポイント。仕上げに濃い紫色の上に、透明にきらめくクリスタルビーズをグルーで貼ってコントラストのアクセントを。

2 ネックレスを付けるための紐は、両端にワイヤーで輪を作ってそこに結び付ける。ワイヤーは土台にしっかりと差し込んで抜けないように。

3 ネックレスの裏側。グルーの跡がそのままだと着けた時にチクチクしてしまうので、同系色のリボンで覆ってカバーをしている。ここもギャザーを寄せてデザイン性にもこだわって。

4 リボン型に切った土台にティプチナを貼り付けていく。土台は型紙などでも可。カチューシャにグルーで留め、裏側にも葉を貼る。目隠し兼、髪の毛が絡まることのないように、という心づかい。

How To Make

（上）
カジュアルに布を組み込む

Flower & Material
バラ（プリザーブド）、白い布
コサージュ金具、白いフェルト

上品で高級なイメージの強いプリザーブドフラワーを、普段使いにも取り入れてほしいとカジュアルに仕上げた。裂いた布をそのまま使いナチュラル感を演出、プリザーブドフラワーの花びらと交互に貼り合わせることにより全体にまとまりが出てトーンがちぐはぐにならないようにしている。

Point
まずコサージュの留め具に、丸く切った白いフェルトをグルーで貼り付ける。そこに裂いた布を放射線状に貼り付けていきコサージュの土台を作る。布は何種類か質感の違うものを使うとおもしろい。

Point
布の間にバランスよくプリザーブドフラワーの花びらを貼っていく。布と花びらで花を再構成する。布の裂け目とふわっとした感じがカジュアルな印象。最後に芯の部分を貼り付ける。

（下）
簡単、花びらのバレッタ

Flower & Material
ガーデニア（プリザーブド）、リボン、バレッタの留め金

カジュアルなウェディングシーンに。分解したガーデニアの花びらを、一枚ずつ土台にグルーで貼り付けていく。土台は作りたいリボンの形に切った型紙などでもオーケー。バレッタの留め金にしっかりと固定して。

Point
バレッタはリボン型の土台に一枚一枚ばらしたプリザーブドフラワーの花びらを貼っていく。大きなものから貼っていくと自然な感じに仕上がる。中央にリボンを貼り付けて仕上げを。

アンティークカラーのコサージュ

Flower & Material
バラ、カーネーション（以上プリザーブド）、
アーティフィシャルフラワー各種、ワイヤー
サテンリボン、レースのリボン、パールビーズ

しっとりとした色調ながら、重ねた花びらとパールの輝きが華やかなコサージュ。既製のアーティフィシャルフラワーを分解して折り方を工夫するなどして再構成。間に加えたレースリボンやトップのプリザーブドフラワーがふんわりとした印象に仕上げてくれている。

Chapter 2 Accessories　　Main Color ／ ●Beige　　Column ／ プリザーブド花材でアクセサリーを作る

How To Make

1 コサージュの台座に、アーティフィシャルフラワーを分解した花びらをグルーで数枚接着。熱いのでやけどに注意して。

2 大小、大きさの異なる花びらを重ねて貼り付けていく。全体のバランスを見ながら。

3 分解した時に出る大きな花びらは、②のようにそのまま付けてもよいが、ふんわり感を出すために折りたたんで使っても◎。

4 ③の花びらの両端を中央の花びらに寄せるようにして折りたたんでいく。

5 折りたたんだ様子。多少ざっくりでも、グルーで留めれば固定されるので問題ない。

6 折りたたんだ花びらの根元に、グルーを付ける。付けすぎに気をつけて。

7 グルーを付けた花びらを貼り付ける。折りたたむことにより、全体にボリュームと柔らかさが出る。

8 幅の広いレースのリボンを、③のような花びらと同じ形にカット。④、⑤と同様に折りたたんで花びらとして貼り付けてアクセントに。

9 アーティフィシャルフラワーとレースリボンの花びらを貼り終えたら、プリザーブドフラワーも花びらをばらばらに分解。

10 少しずつピンセットにとって、グルーで花の形になるように貼り付ける。バラも同様に。間にパールビーズを入れて上品なゴージャスさをプラス。

11 細いサテンリボンを何度か折り返して、先端をワイヤーできつく巻き留めて足を作る。輪になる部分を作るとボリューム感アップ！

12 アーティフィシャルフラワーを重ねた花の間に挟み込み、グルーで固定。熱が取れるまで乾かして完成。

制作／石山ふみ枝　撮影／佐々木智幸

（右）
揺れるふんわりヘアアクセ

Flower & Material
バラ（プリザーブド：樹脂でコーティング加工したもの）、
羽根、レースリボン、チェーン、
布・金属製花モチーフのパーツ、ビーズ、バレッタの土台

バレッタの土台に付けるとピアスのように耳の後ろで揺れる様子がとても女性らしいヘアアクセサリーは、土台にパーツを貼り付けていくだけという簡単さ。黒いバラのプリザーブドフラワーをはじめ、色をモノトーンでまとめることでふんわりしているけれども甘すぎないクールな印象に。
→制作のポイントは122ページへ

（左）
服を傷めずに、好きな場所に

Flower & Material
バラ（プリザーブド：樹脂でコーティング加工したもの）、
パールビーズ、花モチーフの布パーツ、ビーズ各種、レースリボン、
スワロフスキー、マグネットフラワーホルダー、Tピン

通常ならピンを刺して装着するコサージュも、マグネット式の土台を使うことで衣類を傷めないで着けることができるように。しかも好きな場所に自在に着けられるので、ジャケットの襟元や白シャツのアクセントとしても簡単にプラスでき、おしゃれの幅が広がる。うまく仕上げるコツは、並べただけでも「かわいい！」と思える素材を使うことと、色を入れすぎないこと。
→制作方法は123ページへ

Point

バレッタの土台に羽根、レースリボンの順にグルーで貼り付けた。レースリボンにはワイヤーでゴールドのビーズを随所に留めてキラキラをプラス。チェーンは金属製の花モチーフのパーツにワイヤーで留めた。

Chapter 2 Accessories　　Main Color／Mix　　Column／プリザーブド花材でアクセサリーを作る

How To Make

1 目打ちでバラの中央に穴をあける。コーティングしてあるバラは固いので、目打ちをくりくり回しながらあけるとスムーズ。表からの方が穴をあけやすい。

2 Tピンを①であけた穴に前から通す。Tの引っ掛かりの部分が花芯の部分に、ピンの長い部分が後ろに出るようにきちんと刺す。

3 刺したTピンにビーズを通す。ピンは余分な部分をニッパーで切って、長さを調整する。引っ掛ける輪を作れる程度の長さが残ればよい。

4 Tピンを丸ペンチで丸めて、バラをチェーンに掛けるための輪を作る。花を持っている指に力が入りすぎないよう注意。

5 Tピンをある程度丸めたら、チェーンの小さな輪に通してしっかりと丸めて閉じる。閉じが甘いと取れてしまうのできっちりと。バランスをみながらバラ2個を吊るす。

6 マグネットホルダーの土台にリボン、チェーンの順にコールドグルーで貼る。その際には磁石の土台は外さないとチェーンやピンセットなど金属製のものが貼り付いてしまい作業ができなくなる。

7 リボンにコールドグルーでスワロフスキーを貼り付ける。全体のバランスを見ながら配置していく。

8 ⑥でリボンとチェーンを貼り付けたマグネットホルダーの土台にバラを貼り付ける。構造の目隠しとアクセントにもなる。

9 反対側の土台にパールビーズ、布パーツを貼り付けて完成。この後1日ほど乾燥させておくのがベター。

レジンで植物を閉じ込めて

Flower & Material
バラ（プリザーブド：
樹脂でコーティング加工したもの）、
ミスカンサス（プリザーブド）、
タケ、スケルトンリーフ、
UVクラフトレジン液、
ボタンなどお好みの
デコレーション用パーツ、
留め金

クリスタルのような硬質なきらめきの中に葉や
チャームなど、好きなものを自由にアレンジし
たアクセサリーは、レジンで固めて制作したも
の。パーツをつなげて存在感のあるネックレス
にしても、シンプルに指輪の台に貼り付けても。

Chapter 2 Accessories　　Main Color / ●Green　　Column / プリザーブド花材でアクセサリーを作る

╋ Point

◆身に着けるものなので、アクセサリーは裏側まで見えてもいいように作りたい。プリザーブドの葉物でカバーしたり、花も直接土台に貼り付けずに留め金などでワンクッションおけばより上質な仕上がりに。

◆紫外線で固まるUVレジン液は乾くとかなり強力な硬度になり、グルーの代わりに接着用としても使用が可能だ。液は大体1500円前後、アクセサリーパーツ店などで購入することができる。

How To Make

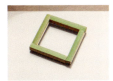

1 同じ長さに切ったタケをグルーで貼り、枠を作る。タケは切り口が斜めだときれいな四角に組めないので注意。枠をクリアファイルなど表面がツルツルしたものの上に置く。

2 UVレジン液を枠の中に入れていく。あまり分厚くするとその後の葉やデコレーションを入れられなくなるので、分量に気を付けながら注入。

3 液の気泡を爪楊枝など先の鋭いもので突いて潰す。同時に液が枠内にまんべんなく行き届くように、厚さが均一に平らになるようにならす。

4 ③を乾かす。紫外線で硬化するUVレジン液。写真のようにネイル用UVライトを使えば乾燥時間を大幅に短縮できるが、太陽光で自然乾燥も可能。

5 樹脂が固まったら、さらに上にレジン液を流し込む。この樹脂はデコレーションを貼り付けるためのものなので、この段階では乾かさない。

6 流し込んで気泡を潰し、平らにした樹脂の上に、カットしたミスカンサスとスケルトンリーフを置いていく。爪楊枝やピンセットで作業するとスムーズ。

7 補強したい場所、薄いところに樹脂を足してしっかりと乾燥させる。作業は最初にクリアファイルに置いた位置から動かさないで行う。

8 乾燥が終わったらクリアファイルから剥がして、はみ出た樹脂をカット。タケの上は手でも簡単に剥がせる。それでも残ってしまう樹脂はカッターナイフで除く。

9 完成。艶やかな透明感と緑の瑞々しさがとても爽やか。パーツを大小たくさん作れば、貼り合わせてさまざまなアクセサリーを作ることもできる。

制作／中川寛加　撮影／佐々木智幸

| Chapter 2 Accessories | Main Color／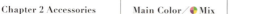Mix | Material／プリザーブド |

76/200
巻いて貼るだけ
Flower & Green
バラ（プリザーブド：樹脂でコーティング加工したもの）、ほか

着物の着こなしに個性とセンスを加える重要なアクセサリー、帯留。高価なものが多いが、自分で手作りしてしまえばさまざまな種類を楽しむことができる。一見難しそうでも、アイデア次第で見栄えのよいものを簡単に作ることが可能。揺れるチャームなどと組み合わせて着てもよい。着物好きの方へのプレゼントにも。

制作／中川窓加　撮影／佐々木智幸

Chapter 2 Accessories　　Main Color／●Pink　　Material／プリザーブド・アーティフィシャル

77/200
女子力アップの揺れるコサージュ

Flower & Green
バラ（プリザーブド：樹脂でコーティング加工したもの）、
キク（アーティフィシャル）、
ほか

優しいピンク、きらきら光るストーンにパール……、乙女心をくすぐるエレガントなコサージュの提案。ピンではなくマグネット式の土台を使用しているので、大事な服に穴を開けることもなく好きな場所に着けられる。胸元や襟元にさりげなく着けておけば、動くたびにチャームが揺れてキュート！

制作／中川窓加　撮影／佐々木智幸

Chapter 2 Accessories　　Main Color／●Pink　　Material／アーティフィシャル

78 /200
南国イメージの花冠&リスレット

Flower & Green
シャクヤク、ルドベキア、セダム、ワイヤープランツ
（すべてアーティフィシャル）

花冠（右）とリスレット（左）。南国でのウェディングをイメージして制作。大ぶりの花を用いて、インパクトを与えるようなデザインに。小花で作る花冠とは違って、太めのワイヤーでワイヤリングをするとぐらぐらせずに安定する。

制作／梶尾美幸　撮影／三浦希衣子

Chapter 2 Accessories　　Main Color／Mix　　Material／プリザーブド・アーティフィシャル

79/200
ぬくもりを感じる ウェディング

Flower & Green
右／バラ、ラムズイヤー（以上プリザーブド）、グリーン各種（アーティフィシャル）
左／バラ、スターチス（すべてプリザーブド）

ウェディングシーンでは、花嫁の衣装替えに合わせて、コサージュも替えたい。右は、プリザーブドリーフのラムズイヤーとバラをぬくもりを感じるイメージで。左はファーと黒のバラでシックなイメージに。もこもこと温かみのあるデザインで、落ち着きがあるけれども華やか。

制作／吉村美恵　撮影／三浦希衣子

Chapter 2 Accessories　　Main Color／●Green　　Material／プリザーブド

80/200
色使いで遊んで楽しい
ミニアクセサリー

Flower & Green
バラ（プリザーブド:樹脂でコーティング加工したもの）

指輪は、花モチーフ、または花のように見えるボタンを台座に貼り付けて制作。大きなボタンが華やかに手元を彩る。ボタンにプリザーブドフラワーやパールをあしらえば、さらに特別感が高まる。足の指に付けるトゥリングは、コードをきゅっと締めるだけというシンプルな作り。

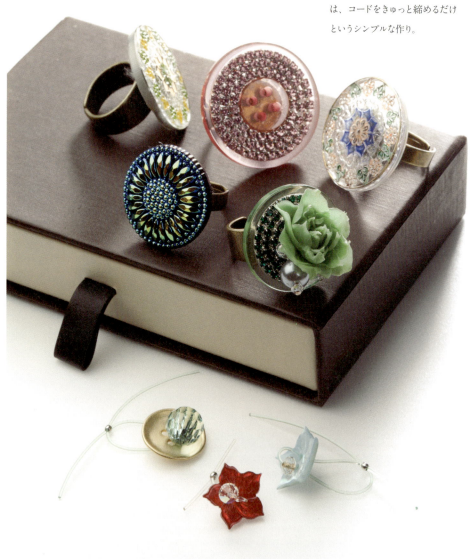

制作／坂口美重子　撮影／佐々木智幸

Chapter 2 Accessories　　Main Color／●Pink　　Material／プリザーブド・アーティフィシャル・ドライ

ブライダルピンクのローズコサージュ（右）と、アンティークカラーのワンポイントコサージュ（左）。着け外しをするものなので、花材が壊れないように配置にこだわって制作。胸に着けたときの目線にも気を配り、色と大きさを組み合わせている。

81/200
キュートなカラーで2種 こんもり立体コサージュ

Flower & Green
バラ（プリザーブド）、アジサイ（プリザーブドとアーティフィシャル）、マム、ブルーベリー、アストランチア、カスミソウ、ユーカリ（以上アーティフィシャル）

Chapter 2 Accessories　　Main Color／○White　　Material／プリザーブド

82/200
クラシカルな
ブライダルに

Flower & Green
右／バラ、ユーカリ（すべてプリザーブド）
左／バラ（プリザーブド）

ブレスレット(右)とヘアーオーナメント(左)。スタンドカラーにレースが施されている、クラシカルなドレスをイメージして制作。使用したバラは、マットな生地に見えるプリザーブドのものを選択。デザインリボンや、ラインストーンなどのセンスも光る逸品。

制作／吉村美恵　撮影／三浦希衣子

Chapter 2 Accessories　　Main Color／●Pink　　Material／アーティフィシャル

83/200
サクラ咲く スマホケース

Flower & Green
サクラ各種（アーティフィシャル）

「スマホケースが花びらだらけだとかわいいな」　そんな夢を可能にするのがアーティフィシャルフラワーのよいところ。サクラの枝から、花びら部分のみを切り取って、グルーで貼り付けて制作。一色で作るとぼやけた印象になるため、適度につぼみの部分も混ぜることでグラデーションを作った。

制作／梶尾美幸　撮影／三浦希衣子

| Chapter 3 New Year & Christmas |

84-122/200

第 3 章　イベントを楽しむ
正月とクリスマス

年中行事は、季節感を周囲と共有するために大切な人生のマイルストーンです。そんな季節のイベントのなかで、最初に訪れる正月と、最後に訪れるクリスマス。とりわけこの2つは、大切な人と過ごすことが多いのではないでしょうか。遠く離れた家族や親戚が集まったり、気の合う友人同士でパーティーを開いたり、誰かと一緒に楽しむイベントでは、その場を演出する花も重要です。この章では、異素材の花を使った正月とクリスマスの飾りを紹介します。

84/200
かわいい お飾り

Flower & Green
ナンキンハゼ、クラスペディア、シースター（以上ドライ）、ゴヨウマツ、ドイツトウヒ

インパクトのあるドイツトウヒがかわいらしいお飾り。ドライ花材を中心に製作しているが、ドイツトウヒはステムが長い生花用。水引は黄色をセレクト。花材の分量は、ドイツトウヒの大きさとのバランスを合わせるのがポイント。ドイツトウヒをマツカサで代用すると、また違う印象で楽しめる。

How To Make

1. 掛けるための輪を水引で制作。10〜15cm位にカットしたものを丸め、玉結びに。掛けるためなので、大きすぎないよう注意。結び目の上をフローラルテープで巻く。

2. しめ縄の大きさに合わせて水引を輪にし、花を組んでいく。輪にした水引の形が崩れないように、しめ縄の形に合わせて立体感を出すことを意識して、花を合わせる。

3. 花を組んだら、水に濡らしたラフィアでしっかりと縛る。ドライ花材を使っているため、時間が経つとさらに乾燥し隙間ができるため、ラフィアは必ず濡らしてから使う。

4. 結び目に巻く和紙の幅に合わせてステムをカット。和紙を巻いて両面テープで貼る。

Chapter 3 NewYear&Christmas　　Main Color／Mix　　Material／ドライ

85/200
お飾り四選

（左上）
稲穂のお飾り
Flower & Green
イナホ、ナンキンハゼ、シースター（以上ドライ）、ゴヨウマツ、ラフィア

収穫したての稲穂のような印象で。しゃきっと、まとまった印象に仕上げるために、稲穂はドライ花材を使用。稲わらで巻いたような雰囲気のラフィアは、重なりすぎずに、帯状に巻いていく。

（右上）
輪飾り
Flower & Green
クラスペディア、イナホ、メタセコイヤ、ネコヤナギ（以上ドライ）、ゴヨウマツ

定番の輪飾りも、ナチュラル花材をふんだんに使うと、現代のインテリアに違和感なく溶け込むデザインに。ネコヤナギは生花のものを使うと、あとから穂が落ちてしまうので、お飾りにはドライ花材のものがおすすめ。

（左下）
箸置き
Flower & Green
サンキライ（アーティフィシャル）、ナンキンハゼ（ドライ）、ゴヨウマツ

小さくシンプルにして、箸置きに。部屋の小さなスペースや、年賀のお供に。マツと実ものを合わせた花材を、製菓用のグラシン紙で巻いたもの。水引の赤とグラシン紙の白が印象的。年始のホームパーティーにぴったり。ほんの少しの花材で簡単に楽しめるお飾り。

（右下）
小さなお飾り
Flower & Green
クラスペディア、ナンキンハゼ、イナホ、ナンテン、ネコヤナギ（以上ドライ）

小さなコサージュを作るように制作したお飾り。袋は、市販の箸袋を使用。輪にした水引をフローラルテープで箸袋に留めてから、花材とマツを組みフローラルテープで巻いたものを袋に入れる。水引の大きさを花材のボリュームで調整すると、さらにかわいさアップ。

制作／chi-ko　撮影／岡本讓治

| Chapter 3 NewYear&Christmas | Main Color／●Orange | Material／プリザーブド |

86/200
洋の空間にもマッチする グリーン使いが新鮮な ミニアレンジ

Flower & Green
キク、タニワタリ、ブルーアイス、カスミソウ（すべてプリザーブド）

少ない素材でありながら、マツなどの定番アイテムを使わずに正月らしさと華やかさを表現。ブルーアイスを小分けにして挿してマツに見立て、タニワタリをくるりと巻いて色や質感をおもしろく見せるなど、洋の葉物を効果的に和の雰囲気に組み入れている。

制作／国田あつ子　撮影／徳田悟

Chapter 3 NewYear&Christmas　Main Color／Mix　Material／プリザーブド

87/200
ドア飾り二選

Flower & Green
バラ、デンファレ、アジサイ、マツ、
バルサムリーフ（以上プリザーブド）、イナホ

（左）渦巻き状の資材の一部を解いて環状に成形し、吊り下げられるように加工、ドア飾りのベースとして使用した。マツに合わせたのは、ピンクにペイントしたイナホ。印象的な色みのバラとランでモダンに仕上げた。

Flower & Green
キク、マツ、カスミソウ、グリーン各種、ほか
（以上プリザーブド）、イナホ

（下）定番のマツに、グリーンにペイントしたマットな風合いのイナホを合わせ、ナチュラルな中にも存在感と新鮮みを持たせた。

制作／国田あつ子　撮影／徳田悟

Chapter 3 New Year & Christmas　　Main Color／Mix　　Material／アーティフィシャル

天然素材のイグサで作られたビビッドなしめ縄は、それだけでも存在感抜群。そこにダリアやシャクヤクという艶やかなアーティフィシャルフラワーとマツをうまくミックスしてあしらい、モダンながら伝統も感じるアイテムに。足元にはタッセルを揺らして和の趣きを添えて。

88/200
洋間にもなじむビビッドカラー

Flower & Green
ダリア、シャクヤク、マツ、ほか（すべてアーティフィシャル）

制作／蛭田謙一郎　撮影／三浦希衣子

Chapter 3 NewYear&Christmas　　Main Color／Mix　　Material／アーティフィシャル

89/200
バリエーションで
早春が華やぐ

Flower & Green
シャクヤク、グリーン各種、実もの各種、ほか（すべてアーティフィシャル）

メタリックカラーの水引を二重に丸めて、コンパクトサイズに。花びらが多く見栄えのするアーティフィシャルフラワーをメインに、ベリーやグリーンを加えて瑞々しく仕上げた。小さく軽いので贈り物にもよさそう。

制作／蛭田謙一郎　撮影／三浦希衣子

| Chapter 3 NewYear&Christmas | Main Color／🟡 Mix | Material／アーティフィシャル |

90/200

花や色、バリエーションで楽しむアートな花手鞠

Flower & Green
ダリア、チューリップ、アネモネ（すべてアーティフィシャル）

純和風な装飾にするため、タケ素材のベースを使用。花手鞠のような、置いても吊るしても楽しい正月飾りに。カラーバリエーションや、合わせるアーティフィシャルフラワーのバリエーションでさまざまな表情をつけられる。

制作／金山幸恵　撮影／三浦希衣子

Chapter 3 NewYear&Christmas | Main Color／Mix | Material／アーティフィシャル

91/200
待ちわびる春を一足先に

Flower & Green
ラナンキュラス、ラベンダー、レースシダーパイン、ほか
(すべてアーティフィシャル)

新春を祝うアレンジ。ワイヤーが入っていないアーティフィシャルのグリーンは、直線的で動きを作るのが困難。だが慎重に熱を加えることで、このように自然なラインを作り出すことができる。アーティフィシャルを生花のように見せるには「向き」と「動き」が重要。なるべく自然な向き、流れになるように花もグリーンも気を付けながらアレンジして。

制作／蛭田謙一郎　撮影／三浦希衣子

| Chapter 3 NewYear&Christmas | Main Color／Mix | Material／アーティフィシャル |

92/200
小さくても
正月気分は満点

Flower & Green
デイジー、ベリー、バンブーリーフ
（すべてアーティフィシャル）

コロンとかわいい手の平サイズのアレンジ。デイジー、ベリー、丸い器と、丸い形を集めてキュートな印象に。先の尖ったリーフがラウンドの中に形の変化をもたらし、全体を引き締める。手前にはタッセルをあしらって。

Chapter 3 NewYear&Christmas | Main Color／●Red | Material／アーティフィシャル

93/200
"かんざし風"正月飾り

Flower & Green
デイジー、ミニリーフ、ベリー
（すべてアーティフィシャル）

新年のテーブルコーディネートのナプキンの上にポイントに置いても、手軽に正月の演出ができる。花びらの先がブラウンに染まったデイジーがシックな印象。手鞠のような花飾りも愛らしい。

制作／アスカ商会　撮影／佐々木智幸

Chapter 3 NewYear&Christmas　　Main Color／●Pink　　Material／アーティフィシャル

94/200
カラフル＆カジュアルな お飾り

Flower & Green
キク、マツ、バンブーリーフほか（以上アーティフィシャル）、イナホ

ワイヤーを波状に曲げ、中央に渡してインパクトを出した。さらに大きめのアーティフィシャルのキク2輪で華やかにデザイン。自在に動きをつけられるワイヤー入りのマツで正月らしさを出し、和風のリボンを屏風の形に折ってあしらうことで和の趣をプラス。

制作／中井明美（松村工芸）　撮影／佐々木智幸

| Chapter 3 NewYear&Christmas | Main Color／○White | Material／アーティフィシャル |

正月に欠かせないマツだが、そのまま使うといかにも「正月」な感は否めない。そこでマツのピックを短く足元に敷き詰めることで存在感を緩和し、正月を過ぎても飾ることのできるテイストに仕上げた。ホワイトゴールドの陶器と白いコチョウランの色合わせがエレガント。

95/200
マツの使い方で
正月感をやわらげて

Flower & Green
コチョウラン、マツ、実もの各種（以上アーティフィシャル）、ほか

制作／蛭田謙一郎　撮影／三浦希衣子

| Chapter 3 NewYear&Christmas | Main Color／●Red | Material／アーティフィシャル |

96/200
花材選びで和洋折衷 長く飾れるデザインに

Flower & Green
ダリア、ラナンキュラス、バジル、グリーン各種、ほか（すべてアーティフィシャル）

特に季節を問わないダリアやハーブの葉物を使い、正月飾りを制作。黒のコケ玉に挿してあるので、マツ、水引飾り、ゴールド付きリーフを外せば普段使いのアレンジメントに変身。長く楽しめるようになっている。

制作／アスカ商会　撮影／佐々木智幸

Chapter 3 NewYear&Christmas | Main Color／●Purple | Material／アーティフィシャル

97/200
艶やかな迎春のアレンジメント

Flower & Green
コチョウラン、実もの、マツ
（以上アーティフィシャル）、ほか

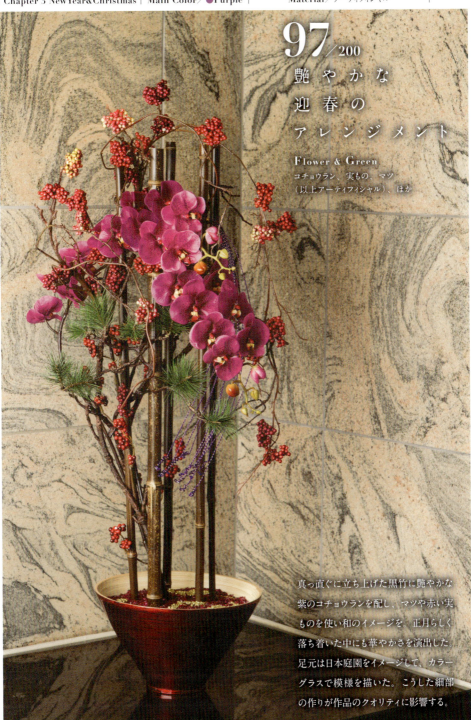

真っ直ぐに立ち上げた黒竹に艶やかな紫のコチョウランを配し、マツや赤い実ものを使い和のイメージを。正月らしく落ち着いた中にも華やかさを演出した。足元は日本庭園をイメージして、カラーグラスで模様を描いた。こうした細部の作りが作品のクオリティに影響する。

制作／蛭田謙一郎　撮影／三浦希衣子

Chapter 3 NewYear&Christmas　│　Main Color／●Purple　│　Material／プリザーブド・アーティフィシャル

98/200
和洋どちらにも合う コンパクトサイズ

Flower & Green
バラ（プリザーブド）、マツ（アーティフィシャル）、ペッパーベリー、ほか

場所を選ばず、雰囲気のあるスリムな器にプリザーブドのバラとペッパーベリーをアレンジ。ここにアーティフィシャルのマツと、リボンで作ったパーツを挿すことで和の雰囲気に。ワイヤー入りの水引は、螺旋状に巻くなどすれば、アレンジに表情をつけることができる。器の高さを利用し、タッセルを下げてエレガントさをプラス。

制作／中井明美（松村工芸）　撮影／佐々木智幸

| Chapter 3 NewYear&Christmas | Main Color／Mix | Material／アーティフィシャル |

99/200
鮮やかな
迎春の色

Flower & Green
シャクヤク、マツ、ウメ、オンシジウム、ほか
（すべてアーティフィシャル）

グリーンをくるくるとしめ縄のように編んで、リース状の壁掛けに。ピンクのグラデーションが美しい艶やかなシャクヤクをはじめ、アレンジピックをカラフルに配置。マツと赤いウメの花、水引も入れて、あっという間に正月飾りができあがる。

制作／アスカ商会　撮影／佐々木智幸

Chapter 3 NewYear&Christmas　Main Color／○White　Material／アーティフィシャル

100/200
清楚で華やかな
日本の正月

Flower & Green
カトレア、パームリーフ、
バンブーリーフ、ダスティーミラー、
ほかグリーン各種
（すべてアーティフィシャル）

純白のふんわりと花開くカトレアと金色に塗装されたリーフ類で、清らかで華やかなイメージを表現。和洋どちらの空間にも、正月から春先まで、さまざまな場所で長く飾ることのできるアレンジメントに。背景に入った葉物や贅沢に使った赤とゴールドのロープが、カトレアの存在感を際立たせる。

制作／アスカ商会　撮影／佐々木智幸

| Chapter 3 NewYear&Christmas | Main Color／Mix | Material／プリザーブド |

101/200
カラフルキュートな
ミニ熊手

Flower & Green
バラ（プリザーブド）、ほか

室内や小さなショップなどでも手軽に飾れるミニ熊手。熊手はもともと農具だが「金運を集める」「福を集める」と言われ人気になった縁起物。ふわふわの羽の中にカラフルなプリザーブドフラワーの組み合わせで華やかさとかわいらしさがミックス。

制作／土屋エリ　撮影／加藤達彦

| Chapter 3 NewYear&Christmas | Main Color／●Green | Material／プリザーブド・アーティフィシャル・ドライ |

102/200

シンプルシックな大人のお飾り

Flower & Green
ヒイラギ（プリザーブド）、ササ（アーティフィシャル）、イナホ（ドライ）、ほか

クリスマスのイメージが強いヒイラギだが、日本でも古くから神聖な木とされ、鬼よけに飾られてきた。ヒイラギをリース状のフォームに貼り、大人っぽいゴールドの水引などと合わせてシンプルシックなお飾りに。玄関にはもちろん、マンションなどモダンインテリアとの相性もグッド！

制作／土屋エリ　撮影／加藤達彦

| Chapter 3 NewYear&Christmas | Main Color／●Orange | Material／プリザーブド・ドライ |

103/200

行事を楽しむために
気軽に飾ってほしい

Flower & Green
ナンテン（プリザーブド）、オレンジ、スターアニス、
アンバーナッツ、アンモビウム（以上ドライ）

しめ飾り風のベースに、ドライフラワーやプリザーブドフラワーをあしらって、正月らしさを演出。縁起物を使うことにとらわれすぎずに、かわいい花材を使っている。若い人の暮らしの中にお飾りを取り入れてもらうための工夫だ。

制作／束花智衣子　撮影／佐々木智幸

104/200
モーヴパープルの しめ縄アレンジ

Flower & Green
アジサイ（アーティフィシャル3種、プリザーブド2種）、マツカサ、ハス、バクリ、アストランチア、ダリア、セダム、マム、ユーカリベリー、バーチ、ベリー、ラズベリー、エンジェルリーフ、スマイラックス、コットン、シサルアサ、イネ（以上アーティフィシャル）ほか

グラデーションのある葉に、モーヴカラーとアンティークピンクの花の組み合わせで提案するしめ縄アレンジ。さまざまな花材を取り混ぜた大人かわいいアンティークカラーは若い人からの支持が厚い。メインをダリアにすれば洋風に、ツバキにすれば和風にまとめられる。

| Chapter 3 NewYear&Christmas | Main Color／●Purple | Material／プリザーブド・アーティフィシャル |

How To Make

1 #26ワイヤーを通しドアに吊るす輪を付ける。フォームが下を向かないように上側を主軸にしてワイヤーで留める。

2 軸が短い花材、太い花材はワイヤリングする。メインのダリアを中央に、しめ縄に沿うようにイネを挿す。

3 マツカサ、マム、葉で輪郭を作る。見上げる位置に飾るので下から中央の花材は曲げて見せ方を調整する。

4 透明感が出るプリザーブドのアジサイは目立つところに挿す。

5 丸っこく密にまとめず、花材を少し飛び出させたり、生花のアレンジのように自然な方向へ向くようにする。

6 ダリアの隣に濃いグリーンのマムを挿したり、多方向から見て複雑に色を重ねる。フォームの上が空く場合は、シサロアサを接着。

7 タッセルと紐の部分を切り、それぞれワイヤリングする。タッセルと紐がつながって見えるように挿す。

8 水引は徐々に大きくしながら4回輪を作る。束ねた部分をワイヤリングし、輪をすべて折って尖らせて挿す。

9 最後にパクリをコールドグルーで接着して、完成。

制作／古川さやか　撮影／タケダトオル

105/200
レッドベリーの ハンギングアレンジ

Flower & Green
アジサイ(プリザーブド)、キク、シキミア、パールベリーガーランド、セダム、フルーティナベリー、オータムリーフ、ベリーリーフ、ベリー、ムタンバナッツ、フーセンポピー、ヒペリカム、アイビー、ダリア、ラナンキュラス、野イチゴ、ミリオグラタス(以上アーティフィシャル)、ニゲラ(ドライ)

王道の色の組み合わせである紅白を基調にアンティークカラーを混ぜた壁掛けアレンジ。基本的には赤でまとめるが、白がポンと浮かび上がるようにデザインしている。アーティフィシャル、プリザーブドと相性のいいリボンは着物の帯のイメージ。しめ縄アレンジより和風なイメージで、年配の人にも喜ばれるアレンジに。

| Chapter 3 NewYear&Christmas | Main Color／●Red | Material／プリザーブド・アーティフィシャル・ドライ |

How To Make

1 フォームはフレームより1cm程高くセットし面取りする。実、枝が左に垂れ落ちるように、自然な感じで曲げたフルーティナベリーを挿す。

2 花材はすべてワイヤリング。白い色が目立つように脇役のダリア、キク、メインの白のラナンキュラスの順に挿す。

3 葉で輪郭を取り、自然に挿す。バランス感や残りの花材も見て、アンティークオレンジを散らしかわいらしくまとめる。

4 リボンを輪にしてワイヤリングし、大小(直径14、10cm)の2種用意。ランダムにひねり立体感を出して挿す。

5 輪にした組紐2個をワイヤリングして、挿す。メインの花の側に和ボールピックを挿して視線を集める。

6 メインのラナンキュラスが重くならないように水引で調整する。高さ違いで3セット入れて、完成。

制作／古川さやか　撮影／タケダトオル

Chapter 3 NewYear&Christmas | Main Color／●Yellow | Material／プリザーブド・ドライ

106／200
正月を演出する お飾りスワッグ

Flower & Green
ユーカリ（プリザーブド）、アワ、
ドライアンドラ'フォルモーサ'、ラグラス、
アンバーナッツ、ローダンセ、シダ（以上ドライ）

人気のスワッグで正月飾りを制作。気張りすぎないナチュラルなかわいさで、現代のインテリアに調和する形を目指した。水引をリボンに取り替えれば、年中楽しめるアレンジメントにも早変わり。

制作／束花智衣子　撮影／佐々木智幸

| Chapter 3 NewYear&Christmas | Main Color／●Green | Material／アーティフィシャル |

107/200
モダンインテリアと
相性のよいお飾り

Flower & Green
クロマツ、イワイマツ（すべてアーティフィシャル）

アクリル板をベースに使ったモダンでシンプルなお飾り。モダンインテリアの住空間にもしっかりなじむスタイリッシュさ。玄関飾りというより、室内のアクセントにおすすめ。

制作／花千代　撮影／三浦希衣子

108/200

クールでシックな
大人の置き飾り

Flower & Green
クロマツ、センリョウ（すべてアーティフィシャル）

クリアガラスのキャンドルホルダーで作った置き型のお飾りは、一見すると水を入れているだけのようだけれども、ゆっくりと固まる透明シリコーン樹脂を使用。きらきらと光るゴールドのカラーサンドとの組み合わせは大人っぽく、モダンなインテリアの中でも浮かずに存在感たっぷり。アーティフィシャルフラワーだからこそ、制作できるお飾り。

How To Make

1 キャンドルホルダーにカラーサンドを下から1/3程度入れる。

2 シリコーン樹脂の取り扱い説明書の指示に従い、使い捨て容器に2つの液をそれぞれ入れよく混ぜる。混ぜたシリコーン樹脂を①のグラスの上1cm程度を空けて注ぐ。この作業は60分以内に行う。

3 液を注ぐとカラーサンドの粒が少し浮き上がってくるため、使い捨てできるマドラーなどで粒を底に落ち着かせる。

4 ミニ凧の後ろの骨組みに割り箸をフローラルテープで巻いたものをセロハンテープで貼り付けピックの脚にする。

5 金の水引は中央のテープで束ねている部分に#20ワイヤーの先端をしっかり巻きつけ、ワイヤーの残りをピックの脚にする。

6 ③から3、4時間経ち、ゼリー状になったシリコーン樹脂に④と短くカットしたクロマツを入れ、カラーサンドにしっかり挿す。完全に固まる前なので、挿し直しもできる。

7 センリョウ、クロマツ、水引を⑥同様にカラーサンドにしっかりと挿し、最後に獅子舞ピックを入れる。そのまま平らで静かなところで、シリコーン樹脂が硬化するのを待ち完成。

Chapter 3 New Year & Christmas　　Main Color／●Pink　　Column／アーティフィシャル花材で正月飾りを作る

アーティフィシャルの魅力を生かす正月飾り

掛けても置いても飾れるモダンなシャクヤクの飾り台

Flower & Material
シャクヤク（2種）、キク、アジサイ、グリーンの実もの、ユーカリ、マツ（すべてアーティフィシャル）
※小分けにした花材とマツカサ、水引には♯20〜24ワイヤーとフローラルテープでワイヤリングする。

洋風のインテリアに合うようにデザインした掛けるタイプのお飾りを、飾り台を使うことで玄関に飾ることができるように工夫した。マツや水引、小物を使って正月らしさを出しながらも、ローズピンクのシャクヤクをメインにして、華やかな色合いで春らしさをイメージ。　→制作方法は170ページへ

華やかな和モダンスタイル

Flower & Material
枯れ枝、サンキライ、バラ（スプレータイプ）、ミニバラ、ダリア、アジサイ、黒い実もの、ユーカリ、グリーン（すべてアーティフィシャル）

オフィスの受付などに長く飾ることを想定して制作。正月をイメージさせる材料はあえて使わず、冬らしい深い色みのバラをメインに、枝や実ものを合わせて新春の和の雰囲気を表現した。ドアや壁に掛けることもできるが、黒のスタンドと合わせることで飾る場所を選ばなくなり、モダンな印象に。
→制作方法は172ページへ

| Chapter 3 New Year & Christmas | Main Color／●Pink | Column／アーティフィシャル花材で正月飾りを作る |

How To Make

1　和紙のボールの端にフォーカルポイントとなるシャクヤクを通し、別のシャクヤクを少し低い位置に添えて持ち、ボールを固定する。

2　キク、グリーンの実もの、ユーカリをシャクヤクの周囲に入れる。生花を組む時と同じ要領で高低差をつける。

3　最後に一つにまとめてワイヤーで縛ることを考えて、軸を平行に揃えながら組んでいくのがポイント。

4　高い位置にマツを入れる。低い位置にマツカサとアジサイを入れ、キクをボールの間に通して配置する。

5 正月用ピックと水引を入れる。全体のフォルムが三日月形になるように意識して配置する。

6 リースワイヤーで軸の部分を2カ所縛り、5cm程度の長さにニッパーでカット。上からフローラルテープで巻く。

7 テープを巻いた部分を組紐で巻く。このままでも壁飾りやドア飾りとして使える。

8 組紐で巻いた部分を扇型の飾り台の間に差し込み、完成。掛けても飾ることができるよう、組紐の先に輪を作っておくとよい。

How To Make

1 2重にし、適当な長さに切ったリースワイヤーでウッドスタンドに掛けるための輪を作る。脚の部分で交差させた枯れ枝2本を固定する。

2 ①をウッドスタンドのフックに引っ掛ける。枝の形で全体のフォルムが決まる。ここでは三日月形になるようにしている。

3 サンキライを、芯に入っているワイヤーを利用して枝に直接巻き付けて固定する。アウトラインが三日月形になるように意識。

4 フォーカルポイントのバラを上部に配置する。縦に配置した枝の後ろに茎を沿わせて入れ、リースワイヤーで固定する。

5 右上にはバラのつぼみを配置。枝の形に沿うようにユーカリを入れ、要所要所をリースワイヤーで枝に固定。グリーンや実ものも配置する。

6 花材は縦に配置した枝に固定していくが、この時に2本の枝の隙間に入れるようにすると組みやすい。

7 小分けにしたミニバラを、バランスを見て配置する。下の方にピンポイントで入れる場合は、サンキライの蔓に下向きに固定する。

8 全体のアウトラインの完成。空いているところを残りの花材でバランスを見ながら埋めていく。

9 ミニバラや黒い実もの、ダリアはリースワイヤーで枝に固定する。小分けにしたアジサイは、グルーガンで空いているところに接着する。

10 背面は、切り落としたバラやダリアの葉をグルーガンで貼ってカバーする。

11 完成。

173

| Chapter 3 New Year & Christmas | Main Color／●Red | Material／プリザーブド |

109/200
和の風合いを楽しむ

Flower & Green
バラ、ベルベットリーフ、
カスミソウ（以上プリザーブド）、
ドウダンツツジ（枝）

現代風のモダンな和室にもマッチしそうな、ちょっと風変わりなクリスマスのリース。一般的なリースは洋風のイメージの円状だが、和の要素をフォルムにも取り入れて制作。和紙にロウを塗ったものを花の周りに配して、素材の対比を生み出した。

制作／小川裕之　撮影／岡本譲治

Chapter 3 NewYear&Christmas | Main Color／●Pink | Material／プリザーブド・ドライ

110/200
小枝を集めて作る
ミニツリー

Flower & Green
バラ、ヒムロスギ（以上プリザーブド）、
ボタンフラワー、ミニツガ、マツカサ（以上ドライ）、
ほか

プリザーブドのヒムロスギを、小分けにしてワイヤーで束ねてツリー形に。ヒムロスギは大きな商品に使った余りの小枝を再利用できるので経済的。好みのサイズに自由にデザインできる。ボタンフラワーをリンゴのオーナメントに見立てて。実ものはミニサイズのものを選ぶとバランスがよい。

制作／国田あつ子　撮影／徳田悟

Chapter 3 NewYear&Christmas　　Main Color／● Gold　　Material／アーティフィシャル

111／200
ゴールドで豪華に見せる

Flower & Green
サンキライ、ヒイラギ
（すべてアーティフィシャル）、ほか

使い込んだバケツのような天然素材のポットに、落ち着いたキャラメル色のキャンドルをアレンジ。小さいアレンジメントでも、クリスマスムードたっぷりのゴールドの資材を活用することで値段以上に見せることができる。

制作／中井明美（松村工芸）　撮影／佐々木智幸

Chapter 3 NewYear&Christmas | Main Color／Mix | Material／プリザーブド・ドライ

112／200
ホワイトスノーで
シンプル＆ナチュラルに

Flower & Green
バラ、ヒイラギ、アジサイ、ブルーアイス、ルスカス
（以上プリザーブド）、スターフラワー、マツカサ（以上ドライ）

クリスマス前から長く飾っても違和感のないようクリスマス色を抑えた。白いウッドボックスに合わせ、ヒイラギやオーナメントも白くペイントされたもので統一し、北欧の澄んだ空気が漂う雰囲気に仕上げている。アジサイやブルーアイスを使って効果的に空間を埋めることで、バラを多く使わずともボリュームが出せる。

制作／国田あつ子　撮影／徳田悟

Chapter 3 NewYear&Christmas   Main Color／●Red   Material／アーティフィシャル

113/200
おいしそうに かわいらしく

Flower & Green
イチゴ、リンゴ、チェリー、ブルーベリー、ワイルドベリー、カラマツ、シナモン、実もの（すべてアーティフィシャル）ほか

テーマは「おいしそうでかわいらしいリース」。色もクリスマスカラーの赤系を中心に、ブラウン、ネイビーを混ぜて立体感を出すように気を付けた。少しのネイビーが赤を引き立てるスパイスカラーに。吊るす紐も赤で統一した。

制作／古内華奈　撮影／佐々木智幸

Chapter 3 NewYear&Christmas | Main Color／Mix | Material／アーティフィシャル

114／200
手軽に ボリューム感と 高級感を

Flower & Green
バラ、ヒイラギ（すべてアーティフィシャル）、ほか

温かみのある縄編み模様の花器や、上部に持ち手代わりに渡したワイヤーの効果で、アーティフィシャルフラワー1輪の小さなアレンジの印象が変わる。ソフトな手触りのヒイラギのパーツは、シャンパンゴールドを選べばゴージャスなイメージに。

制作／中井明美（松村工芸） 撮影／佐々木智幸

| Chapter 3 NewYear&Christmas | Main Color／●Purple | Material／プリザーブド |

115/200
ロマンチックに自分のためのクリスマスを

Flower & Green
バラ（プリザーブド）、ほか

天使のモチーフをあしらった器は日常使いでも人気のアイテム。白く柔らかい曲線のラインに合わせて縁にはカットしたフェザーガーランドを固定。プリザーブドのバラをアレンジし、合わせるクリスマスボールやきらめくピックも同じ色でつなげてすっきりと仕上げた。

制作／中井明美（松村工芸）　撮影／佐々木智幸

| Chapter 3 NewYear&Christmas | Main Color／○White | Material／プリザーブド |

116/200
軽やかさと輝きをプラス

Flower & Green
ヒムロスギ、アジサイ（すべてプリザーブド）、ほか

グリーンとホワイトのコントラストが美しいクリスマスカラーがベース。素材はシンプルだが、フェザーや輝くストーンがちりばめられて、ゴージャスな印象のリースに。ワイヤーが入ったリボンにベルベット地のリボンを接着して張り感を出すと立体的に仕上がり、単調にならない。

制作／深澤佳子　撮影／佐々木智幸

Chapter 3 NewYear&Christmas　　Main Color／Mix　　Material／アーティフィシャル

117/200
資材の特性を生かして

Flower & Green
ヒムロスギ、実もの（アーティフィシャル）、ほか

優しく自然な風合いが、まるで鳥の巣のように愛らしいキャンドルスタンド。ワイヤー入りの白い蔓をバランスよく編み絡ませて、ふんわりとした形を作った。このように太い部分をねじって、引っ掛けられるようにしても楽しい。

制作／蛭田謙一郎　撮影／三浦希衣子

| Chapter 3 NewYear&Christmas | Main Color／●Green | Material／プリザーブド・アーティフィシャル・ドライ |

118/200
インテリアに最適

Flower & Green
ヒムロスギ、ライスフラワー、マウンテンジュニパー（以上プリザーブド）、
グロスベリー（アーティフィシャル）、
スターアニス、ラスカス、メタセコイヤ（実）、（以上ドライ）

緑、赤、ゴールドとベーシックで品のあるクリスマスリースをフレームにすっぽりと納めた。居間や廊下など室内に飾りやすいうえに掃除がしやすく、実用度も抜群！

制作／五十嵐 仁　撮影／佐々木智幸

Chapter 3 NewYear&Christmas | Main Color／○White | Material／アーティフィシャル

119／200
ホワイト×シルバーの
スノーシーン

Flower & Green
ダリア、ラナンキュラス、実もの各種
（すべてアーティフィシャル）、マツカサ

冬の間ずっと飾ることのできるリースデザイン。静かに降り積もる雪のように清らかで美しい色合いが印象的。ダリアとラナンキュラスを主役に。素材感や色相が爽やかで涼しさも感じられる。

制作／アスカ商会　撮影／佐々木智幸

| Chapter 3 NewYear&Christmas | Main Color／●Green | Material／アーティフィシャル |

透け感のあるリボンやアクリルオーナメントを加えて、透明感のあるアレンジメントに仕上げた。豪華な見栄えのわりにはコンパクトなので、ホームパーティーなどのテーブルにも合いそう。パッとテーブル上が華やかに。

120/200
きらめく エレガンス

Flower & Green
アジサイ、ダリア、ポインセチア、ラナンキュラス、フォックステール（すべてアーティフィシャル）

Chapter 3 NewYear&Christmas | Main Color／Mix | Material／アーティフィシャル

121/200
手軽にキュートな クリスマス！

Flower & Green
ポンセチア、ベリー各種、ほか
（すべてアーティフィシャル）

定番のポインセチアとベリーを入れた簡単アレンジ。取っ手が付いていてそのまま持って帰れるので便利。ゴールドの鍵のモチーフをアクセントに加えて、小さなクリスマスギフトに。

制作／アスカ商会　撮影／佐々木智幸

| Chapter 3 New Year & Christmas | Main Color／Mix | Material／アーティフィシャル |

まるで森のミニチュアのような、小さなキャンドルギフト。ツリーや薪のキャンドルを取り巻くように、緑やゴールド、赤の資材がにぎやかに集合。その周りをぐるりと樹皮を模したリボンでふんわりと囲んだ。リボンにはワイヤーが入っているので、このように波打たせても形がしっかり決まる。好みのキャンドルをチョイスできるのも楽しい！

122／200
樹皮を模したリボンで温かみを演出

Flower & Green
マウンテンジュニパー（アーティフィシャル）、ほか

制作／蛭田謙一郎　撮影／三浦希衣子

| Chapter 4 Wreaths & Swags |

123-183 /200

第4章 掛ける、吊るす
リースとスワッグ

クリスマスのものだと思われていたリースも、もはや冬のイベントの前後にだけ飾るものではありません。また最近は「スワッグ」と呼ばれる壁飾りも人気です。現在のライフスタイルにみられる「暮らしに必要なものを時間をかけて選び抜く」というセオリーに、異素材の性質はマッチするようです。生花よりもずっと長持ちするものですから、自分が一番好きなものを選び、部屋に飾っておきたいと考える人も多いのでしょう。

Chapter 4 Wreaths & Swags | Main Color／●Red | Material／アーティフィシャル

123/200
本物感たっぷり アーティフィシャルリース

Flower & Green
バラ、実もの各種、ベリー、
モスブッシュ、グローブファーン、
ほか（すべてアーティフィシャル）

シラカバの樹皮からあふれるように顔を出すバラや実、マツカサたちがなんとも豊かな季節を思わせる。花材はすべてアーティフィシャル素材なのでとても軽い仕上がり。

制作／蛭田謙一郎　撮影／三浦希衣子

| Chapter 4 Wreaths & Swags | Main Color／●Brown | Material／ドライ |

124 /200
実 を 集 め た ブ ラ ウ ン

Flower & Green
ツバキ（実）（ドライ）

ツバキの花が凛として咲き終わった後にできる実だけを用いてリースに。実はどれも形状が微妙に異なるので、バランスをとって組み合わせることで風合いが出る。

制作／谷川花店　撮影／佐々木智幸

Chapter 4 Wreaths & Swags　　Main Color／Mix　　Material／アーティフィシャル

125/200
ワクワク！

Flower & Green
バラ、キク、センニチコウ、
アジサイ（すべてアーティフィシャル）

カラフルなブロックを使って、クリスマスプレゼントを待ちわびているイメージで制作した。質感のツルツルしたもの、ザラザラしたものを凹凸をつけながら配置するのが立体的に見せるコツ。小さな子どものいるファミリーへの提案としてもよさそう！

制作／佐藤浩明　撮影／佐々木智幸

Chapter 4 Wreaths & Swags　　Main Color／Mix　　Material／プリザーブド・ドライ

126/200
どこか懐かしさが込み上げる
好きなもので作ったリース

Flower & Green
アジサイ（プリザーブド）、実もの、
モス（以上ドライ）、流木、ほか

「好奇心旺盛な鳥が後々巣作りでもしようかと
風変わりなガラクタを集めていたら、リースに
なっちゃった」がテーマの楽しいリース。

Chapter 4 Wreaths & Swags　　Main Color／●Black　　Material／プリザーブド

127/200
北欧スタイリッシュモダン

Flower & Green
スケルトンリーフ、コチョウラン（プリザーブド）、
シルバーガーランド、シュガーボールホワイト

フィンランドの極夜のホワイトクリスマスをイメージして、スケルトンリーフで雪のような軽さを表現。破れやすいスケルトンリーフは虫ピンを使って丁寧に留めて。リースの制作は、どのような素材を使う場合も、本来のフォルムを壊さずに、外枠のラインと内枠のラウンドのラインがわかるよう注意する。

制作／ヘンティネン・クミ　撮影／佐々木智幸

| Chapter 4 Wreaths & Swags | Main Color／●Red | Material／アーティフィシャル |

128/200
天使の羽のように

Flower & Green
ガーベラ（アーティフィシャル）、ほか

風合いのある落水紙を手で裂くことで、紙の繊維をほつれさせたものをパーツとしてリースにした。和紙ならではの優しい柔らかさ、純粋な色合いがフワリと羽のよう。

制作／平田容子　撮影／佐々木智幸

Chapter 4 Wreaths & Swags　　Main Color／●Silver　　Material／アーティフィシャル

129/200
銀色ハート

Flower & Green
アジサイ、バラ、ゲーラックス、
ブドウ（すべてアーティフィシャル）

すべてアーティフィシャルフラワーで制作しているので飾る時期、場所を問わない。艶のある素材に合わせたベルベットのリボンが温かさを感じさせ、かつ質感のアクセントに。

制作／藤本佳孝　撮影／佐々木智幸

Chapter 4 Wreaths & Swags　　Main Color／●Red　　Material／プリザーブド

130/200
シラカバの木立から

Flower & Green
バラ（プリザーブド）、シラカバ

ダークレッドのバラが大人の雰囲気。シラカバの樹皮を四角にカットしリースを作り、ハートのオーナメントも同素材のもので統一した。美しいシラカバの木立に思いを寄せて。

制作／平井・ペダル・カトリン　撮影／佐々木智幸

Chapter 4 Wreaths & Swags　　Main Color／●Pink　　Material／ドライ

131 ⁄ 200
時 間 の 経 過 を リ ー ス に

Flower & Green
ケイトウ（ドライ）

ドライになったケイトウのベルベットのような質感でリースを制作。一緒に合わせたボタンは1950年代のもの。ドライとヴィンテージ、時間が経過したもの同士、見事な調和。

制作／岡本美穂　撮影／岡本譲治

Chapter 4 Wreaths & Swags | Main Color／Mix | Material／プリザーブド

132／200
渋く、華やかに

Flower & Green
バラ、マウンテンジュニパー（以上プリザーブド）、シッサス

土台にシッサスのツタを使用。堅く渋い雰囲気に編みを入れて、柔らかさを演出。仕上がりの雰囲気を想像してから素材を決定し、飾る場所を考慮して花の向きなどを決めた。

制作／小野木彩香　撮影／佐々木智幸

Chapter 4 Wreaths & Swags　　Main Color／●Red　　Material／アーティフィシャル・ドライ

133 /200
小枝を重ねて

Flower & Green
ヒペリカム、ラズベリー（以上アーティフィシャル）、
小枝、ドングリ、カラマツ、マツカサ、ミニツガ、
ムタンバナッツ、フヨウ（実）（以上ドライ）

ワイヤリングした小枝をリースの外側に配し、内側にはドライフラワーをあしらって、小枝とドライ素材を対比させた。美しい円形になるように小枝のサイズやバランスに気を付け、立体感が出るように空間をとったり向きを変えたりしている。

制作／株竹一希　撮影／佐々木智幸

| Chapter 4 Wreaths & Swags | Main Color ／ ○White | Material ／ ドライ |

134 /200
畑から生まれた芸術

Flower & Green
ダスティーミラー（ドライ）

畑で摘まれたシルバーグリーンのダスティーミラーを使ったエッジの効いた作品。植物とリースから一部見えているフェルトの質感のイメージ、対比がアクセントとなっている。グルーガンなどで接着せず、ピンを打つことで固定とともに装飾の役割を果たしている。

制作／藤原正昭　撮影／佐々木智幸

| Chapter 4 Wreaths & Swags | Main Color／○White | Material／プリザーブド・アーティフィシャル・ドライ |

135/200
砂糖菓子のように甘く透明感のあるリース

Flower & Green
ユーカリ(プリザーブド)、
バラ、ブプレリア、アリッサム、
ベロニカ、ライスフラワー、
ダスティーミラー、
アジサイ(以上アーティフィシャル)、
ルナリア(ドライ)

きらめく細い曲線の中に、淡く上品な色のバラやグリーンがエレガント。バラの花の向きもリースの透けた側面から見えても美しいように挿している。年中飾っておきたいリースだ。

制作／瑞慶覧久美子　撮影／佐々木智幸

Chapter 4 Wreaths & Swags | Main Color／○White | Material／プリザーブド

136/200
ホワイトパール クリスマス

Flower & Green
バラ、アジサイ（以上プリザーブド）、
ユーカリ、ソラフラワー

白、クリームからグレーホワイトと、白でも色のニュアンスを変えて優しい印象に作り上げた。優美でエレガントな、大人の女性にぴったりのフラワーリース。

制作／石山ふみ枝　撮影／佐々木智幸

Chapter 4 Wreaths & Swags　　Main Color／●Beige　　Material／ドライ

137/200

いつもそこに
あったかのように

Flower & Green
アジサイ（ドライ）

絵画のような仕立てにし、強い主張はしないながらも、やんわりとした優しさの中にふと力強さも感じるような絶妙な風合いをキャンバスの上に展開。シックなアジサイとゴールドのフレームが同調して美しい。

制作／THAND（菅原匠・横山秀和）　撮影／岡本譲治

Chapter 4 Wreaths & Swags　　Main Color／●Blue　　Material／プリザーブド

138/200
トワイライト

Flower & Green
シルバーモス（プリザーブド）、枝、ほか

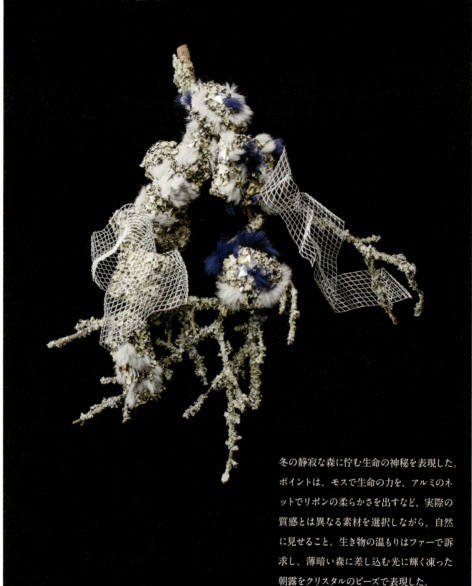

冬の静寂な森に佇む生命の神秘を表現した。ポイントは、モスで生命の力を、アルミのネットでリボンの柔らかさを出すなど、実際の質感とは異なる素材を選択しながら、自然に見せること。生き物の温もりはファーで訴求し、薄暗い森に差し込む光に輝く凍った朝露をクリスタルのビーズで表現した。

制作／SAINT JORDI FLOWERS THE DECORATOR　撮影／佐々木智幸

Chapter 4 Wreaths & Swags | Main Color／●Red | Material／プリザーブド・ドライ

139/200
聖・ナチュラルクリスマス

Flower & Green
バラ(プリザーブド)、リューカデンドロン・ジェイドパール、
ユーカリ・ポポラス(以上ドライ)ストローバイン、ネズ(枝)、苔朴

苔むしたブッシュの中に咲く赤いバラで神聖で凛としたイメージを表現。奥行きの空間を意識して組み上げた枝のリースにバラを奥から手前に配し、より立体感を出した。

制作／三田善之　撮影／佐々木智幸

Chapter 4 Wreaths & Swags | Main Color／●Red | Material／プリザーブド・アーティフィシャル

140/200
魔女のリース

Flower & Green
バラ（プリザーブド）、ラズベリー、ミニ洋ナシ、アジサイ、（以上アーティフィシャル）、ペッパーベリー、ツツジ

独創的なデザインのリース。魔女の杖を表現した上下に伸びる装飾を加えて、左右のアンバランスさ、形のおもしろさ、マテリアルの違いが独自の世界観を生み出している。深紅のバラに向い、飛び出すような中央のビジュー、それに続く植物や枝、小さな世界に大きな流れと強さが伝わってくる。

制作／松島勇次　撮影／佐々木智幸

Chapter 4 Wreaths & Swags　　Main Color／Mix　　Material／プリザーブド・ドライ

141 /200
キャンバスに描くリース

Flower & Green
バラ、ガーベラ、アジサイ（以上プリザーブド）、
花材数種（ドライ）、ほか

絵画のように額をつけて、世界に一つだけの特別感を演出。長い間飾っても飽きず、見るたびに発見があり、美しいだけではなく深く多くの表情を持つ作品にすることを目指した。

制作／木村聡美　撮影／佐々木智幸

Chapter 4 Wreaths & Swags　　Main Color／●Black　　Material／プリザーブド・アーティフィシャル

142 /200
気高く美しい黒

Flower & Green
ヒムロスギ、アジサイ、バラ（以上プリザーブド）、カラマツ（アーティフィシャル）

ダークでありながら華やかな黒が印象的なリース。ヒムロスギとカラマツの色のバランスを見て、リボン、チュールなどの副素材でストーリー性を持たせれば華やかな仕上がりに。

制作／まるたやすこ　撮影／佐々木智幸

Chapter 4 Wreaths & Swags　　Main Color／●Red　　Material／プリザーブド

143/200
引き付ける和モダン

Flower & Green
バラ（プリザーブド）

着物の帯を思わせるような金糸の生地に、深い赤のバラを散らした雅やかなリース。バラは布地を間に入れてメリアにすることでぐっと和のイメージに。ポイントにベージュを。

制作／円谷しのぶ　撮影／佐々木智幸

Chapter 4 Wreaths & Swags　　Main Color／●Pink　　Material／プリザーブド

144/200
パーティ会場でお出迎え

Flower & Green
バラ、アジサイ（以上プリザーブド）、
パンパスグラス、ツタ、ほか

絵画のような重厚感を持たせた、お客様を迎えるウェルカムリース。雪の降る寒い屋外からパーティ会場に入った時の暖かさや人の温もりを表現。

制作／木村聡美　撮影／佐々木智幸

Chapter 4 Wreaths & Swags　Main Color／○White　Material／ドライ

145/200
柔らかな白を集めて

Flower & Green
コットンフラワー、ヤシ（以上ドライ）、グレビリア、パンパスグラス

素材をシンプルに使って、リースの流れを意識して制作。冬の寒い中でも、暖かさを出すためにコットンフラワー、パンパスグラスといった柔らかい印象の花材を選択。コットンフラワーだけだと単調になりがちなので、グレビリアとヤシの花をアクセントにしている。

制作／三浦裕二　撮影／佐々木智幸

Chapter 4 Wreaths & Swags | Main Color／○White | Material／アーティフィシャル

146/200
ストーンリース「復活」

Flower & Green
バラ、ハツユキカズラ（以上アーティフィシャル）、サンキライ、チランジア、バーゼリア

「石化したリースが数百年の時を経て、今蘇る」というコンセプト。まるで石のような質感の土台から覗く、同じく時を重ねたかのような渋い色味の花々が控えめだけれども美しい。

制作／瑞慶覧主典　撮影／佐々木智幸

Chapter 4 Wreaths & Swags　　Main Color／●Brown　　Material／ドライ

147/200
Puzzle Wreath

Flower & Green
オニグルミ、クルミ、ユーカリ・ポポラス、
ユーカリ（実）（すべてドライ）

ピンクと紫のグラデーションの毛糸がキュートなドライのクルミのリース。大小のクルミをパズルのように組み合わせ、向きや大きさを配慮し作っている。また、ユーカリのシルバーグリーンがリースに動きと変化を演出。リースの直径が大きい時は、厚みがないと貧弱に見えてしまうため、リースの大きさと厚みのバランスに気を配るのがポイント。

制作／岡本恵美子　撮影／佐々木智幸

Chapter 4 Wreaths & Swags | Main Color／●Beige | Material／アーティフィシャル

148 /200
シックなきらめき

Flower & Green
コチョウラン、バラ、ヒペリカム、各種グリーン、木の実ほか（すべてアーティフィシャル）

エレガントなイメージのあるコチョウランをリースに取り入れた、上品なデザインが優雅。たくさんの素材が入っているが、ラメのきらめきで全体に統一感がとれている。

制作／蛭田謙一郎　撮影／佐々木智幸

Chapter 4 Wreaths & Swags | Main Color / Mix | Material／アーティフィシャル

149/200
平面で作る立体

Flower & Green
ラン、蔓（以上アーティフィシャル）

小さな四角をたくさん集めたリース。四角いパーツはワイヤーを付けて土台に固定し、高低差を出すように立体的に制作。絵が浮き上がるような不思議な感覚に仕上がった。

制作／平田隆　撮影／佐々木智幸

Chapter 4 Wreaths & Swags | Main Color／●Mix | Material／アーティフィシャル・ドライ

150/200
ハッピーカラーで賑やかに！

Flower & Green
カーネーション、リンゴ（以上アーティフィシャル）、アジサイ、バラ、マリーゴールド、ヒマワリ、リューカデンドロン、ペッパーベリー、木の実、（以上ドライ）、トウガラシ、ほか

アドベント期間飾って楽しめるよう、ドライ素材を中心に、アジサイやトウガラシなどそのままドライになる花材とアーティフィシャルフラワーなどを使用。鳥や蝶のオーナメント使いもかわいらしく、明るくハッピー気分なリースに。

制作／清水千恵　撮影／佐々木智幸

Chapter 4 Wreaths & Swags　　Main Color／●Brown　　Material／プリザーブド・ドライ

151 ／200
温かく、愛らしく

Flower & Green
アジサイ、バラ（以上プリザーブド）、サンキライ、オレンジ（以上ドライ）、マツカサ、コニファー、ソラフラワー

落ち着いたブラウンカラーで贈る相手を問わないオールマイティーなデザイン。マツカサと、質感の似たソラフラワーの形が同調して面白さを出している。少し入れたオレンジのスライスからは柑橘のさわやかな香りがして、空間を立体的に潤す。

制作／小野木彩香　撮影／佐々木智幸

Chapter 4 Wreaths & Swags　Main Color／Mix　Material／プリザーブド・アーティフィシャル・ドライ

152 ／200
大人の乙女心くすぐる木の実のリース

Flower & Green
アジサイ（プリザーブド）、オリーブ、ダスティーミラー、ブルーベリー（以上アーティフィシャル）、マツカサ、ミニツガ、カシュリナ、ヤシャブシ、ハス、バクリ、カラマツ、アンバーバーム、タマラックコーン、フヨウ（実）、ポプラコーン、ほか（以上ドライ）

たくさんの木の実の丸いフォルムに、アジサイのひらひら感、綿のふわふわ感。シックな色みながら「かわいい」がぎゅーっと詰まった、大人の女性にこそ贈りたいリース。両手に収まるほどの小さなサイズで、一人暮らしの部屋でも気軽に飾れる大きさがよい。

制作／古川さやか　撮影／岡本譲治

Chapter 4 Wreaths & Swags | Main Color / ● Mix | Material / アーティフィシャル・ドライ

153/200
木の実とベリーの
スイーツリース

Flower & Green
ベリー、ライスフラワー（以上アーティフィシャル）、
コットンフラワー、マツカサ、実もの各種（以上ドライ）、ほか

王道のホワイトレッドのカラーリング。食べたくなる
ように、おいしそうに作られたリースは、聖夜に向
けて浮き立つ気持ちをさらに明るくしてくれる楽しさ
に満ちている。コットンやマツカサなどの大きなもの
と、小さなベリーのメリハリがリズミカル。

制作／古川さやか　撮影／佐々木智幸

| Chapter 4 Wreaths & Swags | Main Color／●Red | Material／アーティフィシャル |

154/200
ボックスごと飾れば
ディスプレーにも

Flower & Green
バラ（実）、ほか（すべてアーティフィシャル）

ワイヤー入りの蔓を円形にして土台を作り、そこにとりどりの実ものを配して。木箱は蓋部分が柔らかいのでこうして巻き込んでリボンで留めればそのまま商品ディスプレーにもなり、ラッピングの手間も省ける優れもの。赤や深い木の色がどことなくクリスマス気分だが、時期を問わず飾れる。

制作／蛭田謙一郎　撮影／三浦希衣子

Chapter 4 Wreaths & Swags　　Main Color／●Brown　　Material／ドライ

155 /200
森の散策

Flower & Green
シラカバ、ソロ、ツノハシバミ、ヤシャブシ、カラマツ、メタセコイヤ、カラスザンショウ、ユーカリ、ブラックベリーほか（すべてドライ）

秋、冬の森で見つけた枝や実ものをぎゅっと詰め込んだリース。作り込みすぎず、ラフな感じにまとめ、自然の風合いや雰囲気を壊さないようにして制作している。立体感を出すために、飾り付けなどはベタッとしないように面に対して縦に付けていく。

制作／小林恵　撮影／佐々木智幸

Chapter 4 Wreaths & Swags　　Main Color／●Beige　　Material／ドライ

156／200
飴色アンティーク

Flower & Green
アジサイ、バラ、ニゲラ（実）、バーゼリア、ユーカリ・テトラゴナ、
ダスティーミラー、チランジア（すべてドライ）ほか

干して自然に乾燥させたドライフラワーは美しい色と形の変化を見せてくれる。そんなドライ素材をふんだんに使ったアンティークなリースは、毎日飾っても飽きのこない優しさ。

制作／高橋有希　撮影／佐々木智幸

Chapter 4 Wreaths & Swags | Main Color／Mix | Material／プリザーブド

157/200
オーストラリアプリザーブドフラワーで描く2つのリース

Flower & Green
カリーハゼル、サゴ、
ユーカリナッツ（すべてプリザーブド）

（左）柔らかな質感の2色のサゴをメインに、繊細なイメージを演出した。色のグラデーションや花材の形を意識してレイアウトすることで、有機的な流れを作り出している。

Flower & Green
ユーカリパルパレンタ、
ピサ（すべてプリザーブド）

（右）オーストラリアの自然をイメージして制作したリース。巻き上げのテクニックを使って、あまり整えすぎないようにラフに仕上げた。葉の大きさのばらつきをプラス転換させるアイデア。

制作／北原みどり　撮影／三浦希衣子

| Chapter 4 Wreaths & Swags | Main Color／🎨Mix | Material／ドライ |

158/200
さりげなく調和する

Flower & Green
ローズヒップ、ノイバラ（実）、アナベル、アジサイ、スズメウリ、ユーカリ・トランペット、チランジア、アンブレラファン、アカシア（すべてドライ）、ほか

植物の動きが出しやすく、繊細な印象にするため細めのリング状に制作。主張しすぎずインテリアに調和する。市販のリースベースをばらして好みの大きさに組み替え、そこにワイヤーで材料を巻き留めている。

制作／猪又俊介　撮影／德田悟

| Chapter 4 Wreaths & Swags | Main Color／○White | Material／プリザーブド |

159/200
MIX CULTURE
Flower & Green
バラ（プリザーブド）、ニシキギ、カラスウリ、アンデスビーン、マツカサ

朴訥としたラインが魅力的なニシキギをざっくりと見せるリース。力強ささえ感じるニシキギの枝に、ふわりと可憐な白バラがアンバランスなようでしっくりとはまっている。ナチュラルだけれども組み合わせ、素材の配置でスッとした潔さを感じさせる。

制作／中野天心　撮影／佐々木智幸

| Chapter 4 Wreaths & Swags | Main Color／●Beige | Material／ドライ |

160/200
時を経てなお
美しさを保つ

Flower & Green
ドドナエア（葉と実）、ヤマシダ、アジサイ、ルー（実）、ビバーナム・ティナス、ツゲ（すべてドライ）

春から夏にかけて材料の乾燥を行い、軽やかに、踊るような雰囲気に作ったリース。美しい赤紫のドドナエアの葉の色がまだわずかに残り、素朴な中に品のよい華やかさを感じさせる。

制作／栗城三起子　撮影／徳田悟

| Chapter 4 Wreaths & Swags | Main Color／●Green | Material／ドライ |

161 ／200
野性味とナチュラル

Flower & Green
アジサイ、クレマチスシード、
ヒュウガミズキ（すべてドライ）、ほか

何重にも枝を重ねて意図的に立体的に仕上げたドライのリース。枝の重なりで奥行きを出し、覗いてみたくなるようなイメージ。野性的に飛び出すヒュウガミズキの枝と、もこもこフワフワとしたアジサイ、クレマチスシードの優しい質感が妙なるコラボレーション。

制作／伊藤沙奈　撮影／野村正治

Chapter 4 Wreaths & Swags | Main Color／●Brown | Material／ドライ

162/200
野生の造形美

Flower & Green
蔓、ラフィアヤシ（すべてドライ）

制作／西別府久幸　撮影／加藤達彦

野生の蔓をベースに、ラフィアヤシの実と乾燥しているイソギンチャクを合わせた、オブジェのようなリース。それぞれの素材の色みは似ているが、生まれ持った個性的なフォルム、三者三様の異なる質感の融合がおもしろい。

Chapter 4 Wreaths & Swags | Main Color／Mix | Material／ドライ

163/200
実ものたっぷりリース

Flower & Green
ユーカリ・テトラゴナ、バラ(実)、ザクロ、ヘデラベリー、ヨウシュヤマゴボウ、バーゼリア、ブラックベリー、ニンニク(実)、クロコスミア、ネペンテス、クリスマスローズ、アジサイ、ピスタチオ、レモンリーフ、アンスリウム(すべてドライ)

ドライ花材で作った大きめリースに、色形さまざまな実ものをふんだんに盛り込んで。シックでスモーキーな色のグラデーションは飾る場所を選ばなさそう。ドライは軽いのも利点。

制作／髙橋有希　撮影／三浦希衣子

Chapter 4 Wreaths & Swags　　Main Color／●Green　　Material／ドライ

164/200
夏 か ら 秋 へ の 移 ろ い

Flower & Green
センダン、サンキライ（葉と実）、コアラファン、アジサイ2種、モミジ（葉と実）、オクラ、ピスタチオリーフ、ビバーナム・ティナス、ノイバラ（実）（すべてドライ）

成長した植物で覆われた野の風景を、季節の移り変わりを意識して表現。うっそうとした雰囲気の中に美しさを感じてもらえるように構成している。リースは市販のサンキライのベースを巻き直して土台にし、そこにリースワイヤーで材料を巻き留めている。

制作／栗城三起子　撮影／徳田悟

| Chapter 4 Wreaths & Swags | Main Color／●Green | Material／ドライ |

165/200
重厚だけれど ふんわり

Flower & Green
タマリンド、ユーカリ、シルバーブルニア、アジサイ、モス、アザミ、シースター（すべてドライ）

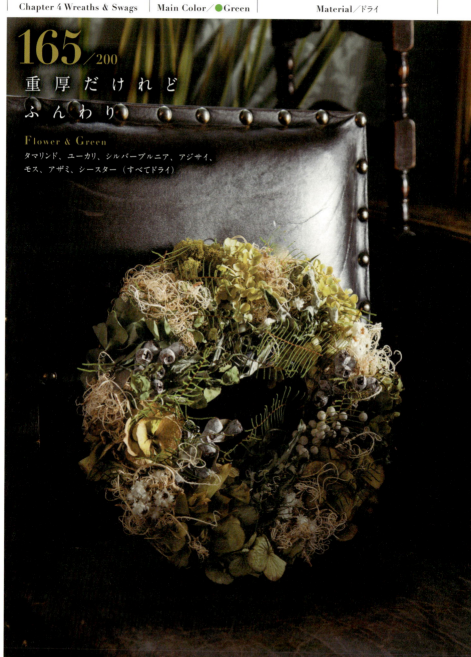

白とグリーンの色使いがどんな部屋にも調和するドライフラワーのリース。存在感はあるが、重厚さよりも軽やかさを感じるのは、タマリンドのふわっとした質感による。

制作／黒澤浩子　撮影／佐々木智幸

Chapter 4 Wreaths & Swags | Main Color／●Green | Material／ドライ

166／200
野性的でセンシュアル

Flower & Green
アイビー、ユーカリ、コニファー'ブルーアイス'、ヒムロスギ、ブロムスグラス、ネコヤナギ、トロロアオイ、マクマオ、マツカサ（すべてドライ）

スモーキーなグレーを基調に風合いの違うグレーや白ベースの素材が持つ野生みを主役にすることを考え、大人向けの印象のリースに。花材を足すとゴテゴテしがちなので全体のバランスを確認して作り、トロロアオイやマクマオなど珍しい素材を加えてリースに動きを出す。

制作／門田京子　撮影／佐々木智幸

Chapter 4 Wreaths & Swags | Main Color／●Green | Material／ドライ

167/200
フライングリース

Flower & Green
ユーカリ、アイビー、
ヤマゴケ（すべてドライ）

鳥の巣をイメージし、きっちり輪にするのでなく、アイビーをぐるぐる巻くなど動きをつけた。吊るして飾るものなので、下部から側面にかけてを重点的に作り込んでいる。

制作／はなのいえ くるみ　撮影／タケダトオル

Chapter 4 Wreaths & Swags　　Main Color／●Pink　　Material／ドライ

168／200
天然素材の色を贈る

Flower & Green
シャクヤク、シルバーデイジー、アジサイ、ペッパーベリー、コアラファン、バラ、ローリエ、キンポウジュ、ワイルドオーツ（すべてドライ）

ドライ花材だけを使用。天然の素材が持っている、色の鮮やかさに驚きを感じてほしいリースのギフト。グリーンは種類をたくさん入れることで、色合いの深みが出る。

制作／深田衣美　撮影／德田悟

Chapter 4 Wreaths & Swags | Main Color／●Green | Material／ドライ

169／200
掛けてもよし、置いてもよし

Flower & Green
ラクスパー、エリンジウム、キンポウジュ、ポアプランツ、デュモサ、グニユーカリ、ユーカリ（実）（すべてドライ）

飾る場所を選ばないミニリース。はじまりも終わりもないリースの形は縁起もよいため、ギフトにももってこい。春の白い花とグリーンで制作。

制作／佐藤恵　撮影／岡本修治

Chapter 4 Wreaths & Swags　　Main Color／●Brown　　Material／ドライ

170/200

ベースは
山で採取した自然素材

Flower & Green
クレマチス、アゲラタム、ナンキンハゼ、ロウヤガキ、サンキライ、ヘクソカズラ、ヤマイチゴ、蔓2種（すべてドライ）

大きさの違う実ものを合わせたドライフラワーのリース。ベースの蔓は、秋から冬にかけて近くの山や河川敷などから採ってきたもの。採取のタイミングは実が赤く色付いたときで、遅くなると鳥に食べられてしまうそうだ。

制作／さわだきわこ　撮影／岡本修治

Chapter 4 Wreaths & Swags　　Main Color／●White　　Column／ドライ花材でリースを作る

シックでナチュラル、華やかに

Flower & Material
サンキライ、ラムズイヤー、アジサイ、コニファー'ブルーバード'（以上プリザーブド）、ヘクソカズラ、ペッパーベリー、ワタカラ、スターアニス、コニカルガム、バクリ（以上ドライ）、麻、デザイナーズワイヤー

パリの裏通りにあるような、アンティークショップに飾るイメージで制作。ドライやプリザーブドの材料を使い、ベースの間に挟むように構成して軽やかさとボリュームを出した。抑えた色みの中にも華やかさを感じられるよう色のバランスにも留意し、細かい材料を丁寧に配置している。
→制作方法は244ページへ

How To Make

1 材料はアジサイなど小分けにして使用するものは使いやすいサイズにカットしておく。繊維は網目状に広げておく。

2 サンキライはほぐさずに、2重の輪になった状態でベースとして使用。輪を少し広げ、全体に麻の繊維を絡ませるようにのせる。

3 ヘクソカズラを全体に絡める。

4 ヘクソカズラは表面だけでなく、サンキライのベースでサンドした状態になるように、間にも絡ませる。

5 ベースの間にアジサイを配置する。麻の繊維の間に茎を通しながら、うまく絡ませて固定する。

6 3種類のアジサイを、色のバランスを見ながらベースの間に挟むように配置する。こうすることでリースに厚みが出せる。

| Chapter 4 Wreaths & Swags | Main Color／●White | Column／ドライ花材でリースを作る |

7 実ものやラムズイヤーをベースの間に入れる。重さがあるので、グルーでサンキライに直接接着し、固定する。

8 ヘクソカズラと麻の繊維を足してボリュームを出す。色のアクセントとなるコニファー'ブルーバード'を全体にバランスよく入れる。

9 さらにヘクソカズラと麻の繊維を加え、他の繊維ものせて完成。デザイナーズワイヤーで2、3ヵ所を縛り、全体にスプレーのりを吹きかける。

Point

◆3種類の繊維は網目状に広げ、細かくほぐして使用するとベースに絡まりやすくなる。
◆アジサイなどの軽い材料は、ベースのサンキライに絡ませた繊維の間に固定。
実ものなどの重さのあるものはグルーで直接サンキライに接着する。

制作／村佐時数　撮影／タケダトオル

Chapter 4 Wreaths & Swags | Main Color／●Brown | Material／ドライ

171／200
センスのいい男性におすすめ

Flower & Green
バンクシア、ベルベットビーン、アマランサス、タニワタリ、アイビー（すべてドライ）

花束を逆さにしたようなスワッグが多いなか、花が上を向いた意外性のあるデザインでシンプルな部屋に似合う作品。色は複数使うのではなく、赤茶系でまとめた。

制作／はなのいえ くるみ　撮影／タケダトオル

Chapter 4 Wreaths & Swags | Main Color／●Purple | Material／アーティフィシャル

172/200
ブリリアント！

Flower & Green
ラン、バラ、アジサイ、
アストランチア、
ほか（すべてアーティフィシャル）

伝統を押さえながら現代を捉えた革新的なリースの提案。リースの伝統であるリングは一部に押さえながらも日本の伝統でもある和紙で演出。花部分は雪の結晶も連想させると共に現代のインテリアにもあうシャープさを。

制作／今野亮平　撮影／佐々木智幸

Chapter 4 Wreaths & Swags　　Main Color／Mix　　Material／ドライ

173 /200
ドライと球根で花束を

Flower & Green
ヘリクリサム、ミナヅキ、ヤシャブシ（以上ドライ）、ピラカンサ、ムスカリ

切り花とあまり触れる機会のない人へのギフトを想定して制作。ラッピングや保水はせずに紙袋に入れて渡せるので、花束の豪華さが照れくさい人にも。ドライと実ものはスワッグとして、ムスカリは水耕栽培で楽しめるように、まずはピラカンサとドライフラワーの花束を作ってから、その上にムスカリを束ねてある。

制作／椿組　撮影／三浦希衣子

Chapter 4 Wreaths & Swags | Main Color／●Green | Material／プリザーブド・ドライ

174 /200
上品な大人のかわいさ

Flower & Green
モス（プリザーブド）、スイートピー、マトリカリア、アスチルベ、ホワイトレースフラワー、スモークグラス、ペッパーベリー（以上ドライ）

上品な大人の女性に贈るスワッグは繊細でいてナチュラルすぎない春の花のドライフラワーがぴったり。壁に掛けても、チェストの上に飾っても楽しめるささやかな春は、新築のお祝いに持って行くと喜ばれるはず。時間の経過とともに花材の色が抜けていく変化を味わえ、色が抜けきるとアンティークな仕上がりに。

制作／大野愛子　撮影／岡本譲治

Chapter 4 Wreaths & Swags | Main Color／●Black | Material／ドライ

175/200
黒がリンクする 退廃的なスワッグ

Flower & Green
アジサイ、バラ、ブラックリーフ、リューカデンドロン、キングプロテア（すべてドライ）

縦長なフォルムにまとめたスワッグ。バラ、キングプロテアといった赤い色の花にも少し黒の色みを感じられ、ゴシック、グロテスクなイメージで制作した。

制作／小島悠　撮影／タケダトオル

Chapter 4 Wreaths & Swags | Main Color／●Purple | Material／ドライ

176/200
ゴールドとパープルの スワッグ

Flower & Green
アリウム、ニゲラ、デルフィニウム、ルナリア、アジサイほか（すべてドライ）

アリウムの丸いフォルムと色の鮮やかさが目を引く。合わせた葉物はゴールドのスプレーで着色したもの。パープルとゴールドの色合わせは派手なイメージがあるが、秋色アジサイや透け感のあるルナリアを使用し、ほどよい空間を作ることでナチュラルな仕上がりに。

制作／梶尾美幸　撮影／岡本譲治

| Chapter 4 Wreaths & Swags | Main Color／●Blue | Material／ドライ |

177/200
量感を重視して豪華な印象に

Flower & Green
アジサイ、リューカデンドロン、エリンジウム、ルリタマアザミ、ユーカリ、スターチス、プラチーナ、リンドウ（すべてドライ）

ブルー系でまとめたスワッグ。スターチス、ユーカリといった色褪せにくく、ボリューム感を出しやすい花材を使って高級感を出した。

制作／小島悠　撮影／タケダトオル

Chapter 4 Wreaths & Swags　　Main Color／●Green　　Material／ドライ

178/200
手軽に飾れる小さな壁飾り

Flower & Green
（左ページ）ユーカリ・ポポラス、オレンジ
（右ページ）ユーカリ
（すべてドライ）

（左ページ）ユーカリ・ポポラスとドライオレンジを重ねた「ドライミルフィーユ」。オレンジの差し色がキュート。
（右ページ）細葉のユーカリを重ねて作った「みのむし」。ミノムシらしく枝にディスプレー。

制作／山崎那由加　撮影／丸山典雅

| Chapter 4 Wreaths & Swags | Main Color／Mix | Material／ドライ |

179／200
ドアだって おしゃれ したい

Flower & Green
ニゲラ、アジサイ、クラスペディア、ほか（すべてドライ）

ドライ独特の色彩がヴィンテージな世界観を醸し出す。生花と組み合わせれば、生花をより生き生きと色濃く見せるとこができるし、生花からドライへの移り変わりも楽しめる。

制作／後藤清也　撮影／三浦希衣子

Chapter 4 Wreaths & Swags | Main Color／●Green | Material／ドライ

180/200
タッセル付き インテリアに ワンポイント

Flower & Green
グレビリア（ドライ）

ドライ花材のグレビリアで作ったスワッグ。壁のフックに掛けるのはもちろんだが、ドアノブなどにも掛けやすいように長い紐で結び付けられている。片方の先端にはタッセルが付いていて、部屋のアクセントに。

制作／小木曽めぐみ　撮影／岡本修治

Chapter 4 Wreaths & Swags　　Main Color／Mix　　Material／ドライ

181/200
部屋に さりげなく ファッション性を

Flower & Green
バンクシア、アジサイ、ラグラス、タタリカ、ピンクブルニア、ポアプランツ、レモンユーカリ、サゴ、カンニホ、アンバーナッツ、ニッテンモリソン、シルバーデイジー（すべてドライ）

ドライフラワーのほか、羽根などの副素材を織り交ぜて制作した。くすんだ色みのものを揃えて自己主張を減らすことで、部屋に自然と調和する。

制作／大井愛美　撮影／北恵けんじ（花田写真事務所）

Chapter 4 Wreaths & Swags | Main Color／●Purple | Material／ドライ

182 /200
トラディショナルから モダンへ

Flower & Green
ラベンダー、サンキライ、デルフィニウム、ニゲラ、アジサイ、ワラタ、ルナリア（すべてドライ）

トラディショナルな形のスワッグ。ゴールドを吹き付けたサンキライをベースに使用し、インパクトのあるクジャクの羽根に、ワラタ、ラベンダーなどを加えたミックススタイルは、アジアンモダンにナチュラルさがほどよいバランス。

制作／梶尾美幸　撮影／岡本譲治

| Chapter 4 Wreaths & Swags | Main Color／●Green | Material／ドライ |

183/200
ローズウッドの色と形を見せるスワッグ

Flower & Green
ローズウッド、ノイバラ（実）、
ヒオウギ（実）、
ヤマシダ（すべてドライ）

乾燥させたローズウッドの花の形や色、流れの美しさをそのままスワッグに取り入れて制作。最初にローズウッドを組み、その自然な流れに合わせて実ものを加え、ヤマシダで動きを出した。

制作／栗城三起子　撮影／徳田悟

| Chapter 4 Wreaths & Swags | Main Color／Mix | Column／ドライ花材でスワッグを作る |

ドライ花材の魅力を生かすスワッグ

キッチンを楽しくする母の日ギフト

Flower & Material
モス、ラグラス、タカノツメ、シダ（以上ドライ）、
ユーカリ、ミモザ、ペッパーベリー、
ムラサキハナマメ、チランジア、
アミューズスプーン、レードル、ホイッパー、ほか

「スワッグ＝吊るして飾るもの」という定義で考えた、遊び心いっぱいの壁飾り。100円ショップで手に入るキッチングッズに、おもにドライ材料をグルーで貼り付けている。台所にあるパスタや豆などの食材も加えて表情豊かに。

制作／高智美乃　撮影／タケダトオル

Chapter 4 Wreaths & Swags　　Main Color／●Brown　　Column／ドライ花材でスワッグを作る

Point

◆細かい材料が多いので、それぞれの存在感を出すためにグルーピングで配置する。
◆ユーカリとミモザはバランスを見て1本ずつ散らすようにも入れ、全体に動きを出す。
◆立体感と広がりを出すことを意識して材料を配置。ぎゅっと詰めずに適度な空間を作り、レードルから材料が溢れる様子に。

How To Make

1 材料はすべてグルーで接着していく。レードルの裏側にグルーを少しずつ塗り、モスを少量ずつ接着し、全体を覆う。

2 内側にも同様にグルーを塗りながら、モスを接着する。

3 クルミにグルーを塗り、中央から少しずらした位置に接着する。大きい材料から配置したほうが、全体のバランスが取りやすい。

4 4～5cmの長さに切ったユーカリを数本持ち、根元にグルーを塗り、クルミの少し後ろに斜めを向くように配置。これで全体の高さを決める。

5 クルミの左右にムラサキハナマメを接着する。ムラサキハナマメはペッパーベリーや、ユーカリの赤みがかった葉と相性がよいことから選択。

6 穂の少し下でカットしたラグラスを、ムラサキハナマメとクルミの周囲に接着。均等配置にならないように注意。

アミューズスプーンには、先に束ねた材料を貼り付けた。アフリカフウの実とスターアニスがアクセント。

7 バランスを見ながら、材料の隙間にユーカリを接着する。数本まとめたり、飛ばしたいときには少し長めに1本ずつ入れる。

8 タカノツメを左右2ヶ所に配置する。高さを出すことを意識。周囲にシダを入れて広がりを出す。

9 空いているところにショートパスタを2ヶ所に分けて接着する。

10 短くカットしたミモザを、色を飛ばすように隙間に入れる。ペッパーベリーとチランジアをレードルから垂れ下がるように入れて完成。

11 以上が、レードルを使った作り方。写真はホイッパー。裏側は壁にあたって傷が付かないようにユーカリの葉で保護している。

自然のイメージを取り入れて

Flower & Material
コムギ、ルナリア、7色トウモロコシ、アジサイ、シダ（以上ドライ）、ラフィア、ワイヤー、フローラルテープ、リースワイヤー

スワッグの材料として最適なドライ素材で季節感を表現。メイン花材のコムギに、7色トウモロコシなど雰囲気の合うものを揃えた。3つ編みにしたラフィアが田園の印象をさらに強くする。

Chapter 4 Wreaths & Swags　　Main Color／●Brown　　Column／ドライ花材でスワッグを作る

How To Make

1 7色トウモロコシは下の部分に釘をねじ込み、#18〜20ワイヤーを掛け、釘を隠すためにラフィアを結ぶ。ワイヤーのみだと抜けやすいため。

2 アジサイに#24ワイヤーでワイヤリングし、フローラルテープを巻き下ろす。トウモロコシも同様に処理する。

3 コムギを束にして持ち、ルナリアを添える。束ねる技法はパラレルで。ルナリアの先端がコムギの穂のすぐ下にくる位置が適当。

4 手元に7色トウモロコシを入れ、動かないように押さえる位置にアジサイを入れる。

5 シダを束にして入れる。

6 リースワイヤーを3周程度しっかりと巻いて結束する。

7 3つ編みにしたラフィアのループ部分を、別のラフィアで結束部分に結び付ける。飾ったときにループが上に向くようにする。

8 完成。

9 裏から見た様子。壁に当たる部分にはコムギしか入っていないので壁に沿わせやすい。またコムギがほかの花材の保護の役目もしている。

制作／高智美乃　撮影／タケダトオル

267

シックな華やかさを魅せる

Flower & Material

ピンクッション、ブルモッサル、ケイトウ、バラ、ムギワラギク、ヒメヒマワリ、グイ（実）、ボワプランツ、アルケミラモリス、ニゲラ（実）（以上ドライ）、サンキライ（ヒゲ付きパイン）、ストローパイン

クレッセント型の土台に花を溢れるように配置し、上に蔓をかけることで「束ねて吊るす」というスワッグのイメージを表現した。花は蔓の茶色に同調する赤やオレンジの色みのはっきりとしたものを選択。

How To Make

1 フローラルテープを巻いた#14ワイヤーで、クレッセント型の骨組みを作る。よじれないように、間に2本ワイヤーを入れて補強する。ボール紙などを同じ形にカットしておくと、後でドライ用セックブリックを切り出しやすい。

2 サンキライをトンネル状になるように糸巻きワイヤーで骨組みに固定し、土台を作る。花をどのように入れるのか、でき上がりをイメージし、配置しやすいスペースを確保すること。

3 骨組みの形に合わせてカットしたドライ用セックブリックをグルーで固定する。セックブリックは表面を削り、サンキライとの間に花を挿すための十分なスペースを作る。

4 花を挿す。配置したい場所に花を挿して穴を空けてから、茎にグルーを塗って入れ固定する。こうするとしっかりと固定される。花はピンクッション、ケイトウなど大きいものから入れ、高さの上限と輪郭を決める。

5 色と形のバランスを見ながら残りの花を入れる。花1輪1輪を見せることを意識し、立体感が出るように高低差をつけて配置する。花が増えるとお互いが支えになり全体の強度が増す。

6 ストローバインをほぐし、サンキライの上にかけるようにして入れ、裏から糸巻きワイヤーで縛って固定する。スワッグの完成。ストローバインで花を隠すことにより、花の色や形の見え方にニュアンスが加わる。

Point

◆土台を作る際には、花の配置を含めて完成のイメージをしっかり持ってから取りかかる。どの場所にどの程度のスペースを空ける必要があるかを考え、花が美しく見える空間を確保する。

◆ドライフラワーの茎は折れやすいので短くカットして使用し、密度をつけて配置する。

◆花はすべてが同じ向きにならないように変化をつけて挿し、高低差を出して奥行きを見せる。

ベアグラスを主役に
ナチュラルなイメージで

Flower & Material
ベアグラス、ノイバラ、サンキライ、バラ、ハツユキソウ、イナホ、ユーカリ、ポワプランツ（すべてドライ）

束のままひねって形作ったベアグラスで、流れるスワッグのイメージを強調。これを土台とし、ベアグラスに映える赤とピンクの材料を溢れるように配した。サンキライの実の色と枝の動きがアクセント。ナチュラルなインテリアの店舗装飾などに向く。

Point

◆左は裏から見た様子。乾燥してからだと難しいため、ベアグラスは生のものを束のまま吊るしドライにしていく途中でひねって欲しい形を作る。

◆できた形を固定するため、#14ワイヤーを数本重ねてフローラルテープでまとめた芯棒を入れ、ベアグラスを巻いたドライ用セックブリックを宙に浮くように配置し、花材を挿している。

シーブッシュを使って
ワイルドな印象に

Flower & Material
シーブッシュ、シングルコーン、コニカルガム、ハケア、ベルガム、ブルニア、フーセンポピー、アルケミラモリス、ユーカリ(すべてドライ)

ワイヤーにシーブッシュを貼り付けてクレッセント型の土台を作り、そのゴツゴツとした質感に合わせたワイルドで個性的な花材を中央に配した。コンクリートの壁など無機質な空間にも馴染む、色みと質感が新鮮なスワッグ。

| Chapter 4 Wreaths & Swags | Main Color／● Brown | Column／ドライ花材でスワッグを作る |

Point
クレッセント型の骨組みを茶色のフローラルテープを巻いたワイヤーで制作。ここに白いテープを巻いたワイヤーを継ぎ足し、ひと回り大きいクレッセント型にし、細かく切ったシーブッシュをグルーで貼り付けて土台にしている。ドライ用セックブリックは茶色の骨組みの部分に固定。裏はユーカリの葉で保護。

制作／蛭田謙一郎　撮影／徳田悟

| **Chapter 5 Ornaments** |

184–200/200

第 5 章　インテリアになじむ
オブジェ

いま、花は生活に密着するものとなっています。日常の中に、異素材の花が飾られる機会がより多くなりました。この章では、暮らしのインテリアに溶け込むオブジェを紹介します。特別なイベントがなくても、また、自分で楽しむ用途であってもよいのです。花をもっと日常に取り入れませんか？また、インテリアで日々眺めるうち、飽きがくれば、花材を交換して楽しむことができるのも異素材の花のおもしろいところ。

Chapter 5 Ornaments　　Main Color／●Red　　Material／アーティフィシャル

184 ／200
可能性広がる！
宙に浮くアーティフィシャル

Flower & Green
バラ、実もの各種、多肉植物、ほか（すべてアーティフィシャル）

枠内に収まる大きさで花の球を作り、どの角度から見ても美しく仕上げたフラワーボールのディスプレー。保水を必要とせず、頑強なアーティフィシャルならではのデザイン。小さいのでどこに飾ってもかわいい。

制作／平岡有希　撮影／三浦希衣子

Chapter 5 Ornaments Main Color／●Pink Material／プリザーブド・ドライ

185/200
お味はいかが？
2段のミルフィーユ

Flower & Green
バラ、モス（以上プリザーブド）、シラカバ、
ユーカリ（実）、ベリー、グイ（実）、ヤシャブシ、
クルミ、ほか（以上ドライ）

食べたくなるような、かわいくておいしいアレンジメント。色だけでなく、クッキーを連想させるような素材感を大切にした。ミルフィーユケーキの断面から、花材があふれないように気を付けて。

制作／古川さやか　撮影／三浦希衣子

| Chapter 5 Ornaments | Main Color／●Blue | Material／プリザーブド・ドライ |

186/200
幸せの青い鳥

Flower & Green
バラ、キク、シルバーモス（以上プリザーブド）、
リンフラワー、ベアグラス（以上ドライ）、ネコヤナギ

自作のコンクリートベースに枝を取り付け、その先には鳥の巣が……。色調は爽やかながら、なかよく卵が並んでいる様子からは、モチーフ自体の温かみを感じ取れる。自然な雰囲気を重視しつつ、全体のバランスと置いた時の安定感に配慮した。

制作／浜川典利　撮影／三浦希衣子

Chapter 5 Ornaments　　Main Color／○White　　Material／プリザーブド・アーティフィシャル

187/200
ナチュラルガーデンの立体絵

Flower & Green
アイビーリーフ、アイビー（実）（以上プリザーブド）、バラ、クリスマスローズ、アジサイ、ブルーベリー（以上アーティフィシャル）

壁にツタが這い、たくさんのクリスマスローズが咲きはじめる庭をイメージ。クラシカルな壁の、漆喰のような風合いを出すために石膏粘土とペーパーを何度も塗り重ねた。プリザーブドフラワーとアーティフィシャルフラワーを組み合わせることで、柔らかさとマット感を出している。

制作／吉村美恵　撮影／三浦希衣子

Chapter 5 Ornaments　　Main Color／Mix　　Material／アーティフィシャル

188/200
花に囲まれたトルソー

Flower & Green
バラ、モカラ、アジサイ、クリスマスローズ、ダリア、シンビジウム（すべてアーティフィシャル）

花で洋服を作ってみたい想いで制作、花だらけにするよりも軽やかな印象にするために、トルソーの下に花のリースを据え置いた。少し白っぽいパステルカラーを混ぜることで、カラフルだけれども落ち着いた印象を持たせている。

制作／梶尾美幸　撮影／三浦希衣子

Chapter 5 Ornaments　　Main Color／Mix　　Material／プリザーブド・アーティフィシャル・ドライ

189/200
穏やかな
ピクニック日和

Flower & Green
アジサイ(プリザーブド)、アジサイ、アストランチア、ニゲラ、キク、バラ、ユーカリ(以上アーティフィシャル)、フウセンポピー、シャーリーポピー、ラグラス、ライスフラワー(以上ドライ)

ニュアンスカラーのナチュラルバスケット。花材をまとまりすぎないように使うことがポイント。草原に咲く姿をイメージして、アーティフィシャルフラワーをナチュラルに見せている。

制作／古川さやか　撮影／三浦希衣子

Chapter 5 Ornaments　　Main Color／Mix　　Material／ドライ

190/200

アン・ドゥ・トロワで踊り出す……

Flower & Green
ラグラス、ホウズキ、ダスティーミラー、シルバーデイジー、ベビーファイバー、ミツマタ（すべてドライ）、ソラフラワー

テーマは、バレリーナ。作品の土台となっているミツマタの配置と花材の配色に気を付けた。ミツマタの透け感を壊さないことと、全体の軽やかさにこだわることで、バレリーナが跳ねあがるような躍動感を作品に与えている。

制作／浜川典利　撮影／三浦希衣子

Chapter 5 Ornaments　　Main Color／●Blue　　Materia／プリザーブド

191/200
和みを与える もこもこ素材

Flower & Green
ブローニー、ストレンギア、サゴ、
ユーカリパルパレンタ（すべてプリザーブド）

ワイルドな印象が強いと思われがちな、オーストラリアプリザーブドフラワーを使って、堅苦しさを感じさせないリラックス感のある仕上がりに。ふかふかとした素材の質感で軽やかさを表現したトピアリー。

制作／北原みどり　撮影／三浦希衣子

Chapter 5 Ornaments　　Main Color／●Green　　Material／アーティフィシャル

192 /200
サプライズ！インパクト大のディスプレー

Flower & Green
アイビー、グリーンマット、グリーン各種
（すべてアーティフィシャル）

吊り下げタイプのオブジェ。通年飾れるディスプレーとして。あえて季節感を出さないようにと、花を使わずに、グリーン一色のみで制作している。

制作／薄井貞光　撮影／三浦希衣子

Chapter 5 Ornaments　　Main Color／○White　　Material／プリザーブド・アーティフィシャル

193/200
フラワーライト
スタンド

Flower & Green
レモンリーフ（プリザーブド）、バイモユリ、
シャクヤク、バラ、ケイトウ（以上アーティフィシャル）

立ち姿が美しいライトスタンドの足元から花が自生するイメージで制作。柔らかい曲線のバイモユリやつるバラが咲き伸びるイメージを表現した。シェード部分は花器の底面を外し、逆さまに設置。

制作／吉村美恵　撮影／三浦希衣子

Chapter 5 Ornaments　　　Main Color／Mix　　　Material／アーティフィシャル

194 /200
ミニマグカップの カラフルアレンジ

Flower & Green
バラ、ダリア、カーネーション、
モカラ、セダム、
ヒマワリ(すべてアーティフィシャル)

マグカップと同じカラーのアーティフィシャルフラワーを6色集めてディスプレー。フローラルフォームやワイヤーなども必要なく、一輪からでもはじめられる。また、折れてしまった花でも使用できるアイデアなので、普段花になじみのない人にも優しい提案だ。

Chapter 5 Ornaments　　Main Color／Mix　　Material／アーティフィシャル

195/200
ハンガーが大変身

Flower & Green
ダリア、チューリップ、アジサイ、クリスマスローズ、グリーンネックレス（すべてアーティフィシャル）

淡い印象だけど、甘すぎるテイストにならないように、グリーンネックレスを垂れ下げて、少しピリッとした表現もプラス。ベースは、市販のタオルハンガー。ハンガーに直接付けると、グルーが取れてしまうため、グリーンを巻き付けて、その上から花材をグルーガンで接着した。

制作／梶尾美幸　撮影／三浦希衣子

Chapter 5 Ornaments　　Main Color／●Blue　　Material／プリザーブド・アーティフィシャル・ドライ

196/200
アンティーク風 ジョウロのアレンジ

Flower & Green
アジサイ、デイジー（以上プリザーブド）、アジサイ、アストランチア、ニゲラ、アリウム、クラスペディア（以上アーティフィシャル）、スターチ、ラグラス、スパニッシュモス、フーセンポピー、シャーリーポピー（以上ドライ）

プリザーブド、アーティフィシャル、ドライを混ぜて使用し、それぞれの質感の違いを出した。アジサイは、プリザーブドのものであれば瑞々しさが、アーティフィシャルのものだと周りの花材との調和が表現できる。ジョウロと花材のバランスに気を付けるのもポイント。

制作／古川さやか　撮影／三浦希衣子

Chapter 5 Ornaments　　Main Color／●Green　　Material／アーティフィシャル

197/200
際立つ モルタルの 素材感

Flower & Green
フジ（蔓）、エアプランツ、
実もの各種
（以上アーティフィシャル）、枝

モルタルに鉄筋の支柱を立てて基礎を作り、本物の枝を中心に使用してベースを制作。オリジナルデザインで、どこに飾っても飽きのこないオブジェに仕上げた。シンプルなフォルムながらも、細かい花材を散りばめて、見えないところにもたくさんの工夫を凝らしている。

制作／薄井浩子　撮影／三浦希衣子

Chapter 5 Ornaments　　Main Color／🌈 Mix　　Material／アーティフィシャル

198/200
夏のフラワースイーツ

Flower & Green
シャクヤク、ブドウ、アジサイ、プルメリア、ライム（すべてアーティフィシャル）

花でアイスクリームの乗ったパフェを表現。写真右はバニラ味、写真左はストロベリー味をイメージしている。花材は夏を代表するトロピカルなプルメリア。氷に見立てた石には、花材を固定するフローラルフォームを隠す役割も。

制作／梶尾美幸　撮影／三浦希衣子

Chapter 5 Ornaments　　Main Color／Mix　　Material／アーティフィシャル

199/200
ひと夏の思い出を閉じ込めて

Flower & Green
レフアフラワー、アンスリウム、カラー（すべてアーティフィシャル）

砂やサンゴのイメージで制作したアレンジメント。丸いガラス容器には砂浜で拾った貝殻など、思い出の品を保存することができる。また、海を表現するために、ブルーや白ではなく、あえてオレンジやベージュを使用。アレンジを飾る人に想像の余地を残す、引き算の美学。

制作／志村美妻　撮影／三浦希衣子

Chapter 5 Ornaments　　Main Color／●Purple　　Material／アーティフィシャル

200/200

フルーツこんもり
ゴージャスな
投げ入れを

Flower & Green
コチョウラン、バンダ、ユリ、ジンジャー、
バラ、アジサイ、グリーンネックレス、
ブドウ各種、ウンベラータ
（すべてアーティフィシャル）

ダイニングテーブルなどに飾るイメージで、大きな投げ入れを制作。パーティーシーンでも使える。ユニットを数個制作し、それらを組み合わせてグルーピングしながらバスケットに挿していく。

制作／梶尾美幸　撮影／三浦希衣子

Visual Index

ビジュアルインデックス

Visual Index
索引 **001-032**

Visual Index
索引 033-064

Visual Index
索引 065-096

Visual Index
索引 097-128

Visual Index
索引 129-160

Visual Index
索引 161-192

Visual Index
索引 193-200

[コラム一覧]

068-075	プリザーブド花材のワイヤリングテクニック	浅井薫子
114-125	プリザーブド花材でアクセサリーを作る	石山ふみ枝・坂口美重子・中川窓加
168-173	アーティフィシャル花材で正月飾りを作る	蛭田謙一郎
243-245	ドライ花材でリースを作る	村佐時数
262-273	ドライ花材でスワッグを作る	髙智美乃・蛭田謙一郎

[各章イメージカットの制作者]

012	制作／梶尾美幸	撮影／三浦希衣子
076	制作／坂口美重子	撮影／佐々木智幸
134	制作／岩井信明	撮影／佐々木智幸
188	制作／小島 悠	撮影／タケダトオル
274	制作／梶尾美幸	撮影／三浦希衣子
294	制作／蛭田謙一郎	撮影／徳田 悟

掲載作品協力者

[問い合わせ先一覧]

制作者一覧

ア行

ア行

浅井薫子
Viridiflora
神奈川県川崎市幸区南加瀬3-3-27
044-588-6483
http://www.viridiflora.net/
info@viridiflora.net
→p68-75

アスカ商会
(本社)愛知県名古屋市千種区新西一丁目2番10号
052-772-5216
http://www.asca-1971.co.jp

→p148,p149,p152,p155,p156,p184-p186

五十嵐 仁
ラリック・ビス
新潟県新潟市中央区女池南3-5-14
025-250-1187
https://www.laricbis.com/
info@laricbis.com
→p183

石山ふみ枝
アトリエ フルール・ド・ジュアン
岡山県岡山市北区野田屋町2丁目3-7
086-226-2355
http://www.f-juin.co.jp/
info@f-juin.co.jp
→p113-119,p204

伊藤沙奈
Flower shop yadorigi
神奈川県相模原市南区桜台18-1
(独)国立病院機構相模原病院 敷地内
042-744-9481
http://www.1.odn.ne.jp/~cj171030/
→p231

猪又俊介
ブルーウォーターフラワーズ
東京都杉並区西荻北3-16-2
03-3394-1438
http://bwf.jp/

→p82,p228

上田 翠
ハナミドリ
東京都新宿区西新宿5-25-1
03-6276-6769
http://www.hanamidori2010.com/
info@hanamidori2010.com
→p94-95,p98-99

薄井貞光
HANATABA Inc.
栃木県大田原市山の手2-13-11
0287-23-2341
http://www.hanataba.info/

→p284

薄井浩子
HANATABA Inc.
栃木県大田原市山の手2-13-11
0287-23-2341
http://www.hanataba.info/

→p290

大井愛美
Listen to Nature
広島県広島市南区(ウェブショップのみ)
http://www.listen-to-nature.jp/

→p56,p258-259

大杉隆志
博物花屋マニエラ
三重県伊勢市船江2丁目15-17
0596-20-0234
http://www.maniera.jp/
info@maniera.jp
→p42,p193

制作者一覧

ア行

大野愛子
PUROBLANCO
広島県広島市中区橋本町7-1
082-222-2230
http://puro-blanco.net/
info@puro-blanco.net
→p249

岡本恵美子

→p215

岡本美穂
MIHO FLOWERS
http://www.mihoflowers.com/
info@mihoflowers.com

→p198-199

小川裕之
ケンフロリスト
神奈川県鎌倉市雪ノ下3-8-34
0467-24-8071
http://kenflorist.co.jp/info/
shop@kenflorist.co.jp
→p174

小野木彩香
北中植物商店
東京都三鷹市大沢6丁目2-19
0422-57-8728
http://www.kitanakaplants.jp/

→p200, p219

カ行

柿原さちこ
アトリエ漣
http://ameblo.jp/718586/

→p106-111

梶尾美幸
花*TinkTink
090-3002-8051
tinktink.flower@gmail.com

→p74-75, p128, p133, p251, p260, p280, p286-288, p291, p293

片岡竜二
treffen
ryujitreffen@gmail.com

→p112

門田京子
RÉPERTOIRE　株式会社レペトワール
東京都港区東麻布3-5-15
http://repertoiredeflora.jp/

→p237

金山幸恵
RAFFINEE-les fleurs
http://raffineelesfleurs.com/

→p144-145

株竹一希
フローリスト花絵
埼玉県越谷市南越谷1-14-3
048-988-8808
http://www.a-hanae.co.jp/shopping/

→p201

制作者一覧

カ行

北原みどり
VERDE（ヴェルデ）
東京都新宿区下宮比町2-28飯田橋ハイタウン
1124　03-5261-2466
http://www.verdeweb.jp/
verde-info@verdeweb.jp
→p65,p226-227,p283

木村聡美
Atelier Momo
山形県山形市若葉町12-10
023-664-0724
https://www.ateliermomo.net/

→p209,p212

国田あつ子（大地農園チーフデザイナー）
info@ohchi-n.co.jp

→p140-141,p175,p177

栗城三起子
Hana Tutumi
東京都国立市西2-11-78 1F
042-849-2649
https://www.hanatutumi.info/
info.hanatutumi@gmail.com
→p230,p235,p261

黒澤浩子
aclass
神奈川県相模原市中央区淵野辺1丁目15-10
042-719-7885
http://www006.upp.so-net.ne.jp/aclass/

→p236

小木曽めぐみ
nii-B
岐阜県岐阜市美園町4丁目13
058-215-7099
http://nii-b.com/

→p257

小島 悠
1er ÉTAGE
京都府京都市中京区御幸町通蛸薬師下る
船屋町381-1 2F
075-606-4192
https://www.facebook.com/1er.etage/
→p20-21,p250,p252-253

後藤清也
SEIYA Design
静岡県賀茂郡河津町沢田70
090-1097-3453
http://seiya-design.net/top.html

→p256

小林 恵
kitokusa
埼玉県川越市大仙波445-10
049-290-7850
http://kitokusa.com/
kitokusa@ozzio.jp
→p224

今野亮平
ベル・フルール
（銀座本店）東京都中央区銀座1-20-17
押谷ビル1・2階
03-3561-1881
http://www.belles-fleurs.com/
→p24,p26,p34,p37,p59,p247

サ行

坂口美重子
FB・PALETTE（本部・行徳校）千葉県市川
市福栄2-1-4　サニーハウス行徳315
（銀座校）東京都中央区銀座1-28-11
CentralGinza 901
047-356-5510　http://fbpalette.com/
→p76,p101,p120-123

制 作 者 一 覧

サ行

佐藤浩明
花工房パレット
新潟県新潟市中央区文京町6-1
025-231-1187
http://www.hana-palette.com/

→p192

佐藤 恵
LIBELLULE
静岡県浜松市中区野口町224-1
053-545-7887
http://www.libellule.jp/

→p23,p47,p241

佐野寿美
ブランミュール
京都府長岡京市天神1丁目21-25
075-952-0600
http://www.blancmur-flower.com/

→p38-39

さわださわこ
はながら
岐阜県山県市東深瀬2568-1
080-2624-5457
http://hanagaraya.exblog.jp
hana-gara@docomo.ne.jp
→p52,p54-55,p242

SAINT JORDI FLOWERS THE DECORATOR 恵比寿本店(西村和明)
東京都渋谷区恵比寿南1-16-12
ABCMAMIES PARKHILLS 1F
03-5720-6331

→p86-87,p90-91,p206

THAND(菅原 匠・横山秀和)
080-5060-6019

→p205

ジィール
大阪府大阪市西区京町堀1丁目16-28
(事前予約来店制、当日予約不可)
06-6444-3803
http://www.ji-ru.com/
shop.ji-ru.com
→p19,p22,p27,p29

島田佳代
Hana Angers
大阪府大阪市西区北堀江1-16-26
サニーコーポ山中1F
06-6543-2282
http://hana-angers.com/
→p57

清水千恵
Flowers Deuxfeuille
fill2fill@mirror.ocn.ne.jp

→p218

志村美妻
Life with Flowers
山梨県甲府市中央4-5-15
055-269-7087
http://lifewithflowers.net/
info@lifewithflowers.net
→p61,p64,p292

神保 豊
フラワーデザインスクール秋桜花
東京都新宿区四谷2丁目2-5小谷田ビル3F
03-3358-9731
http://www.shuouka.com/
info@shuouka.com
→p58

瑞慶覧久美子
L'atelier de ZUKERAN
長野県須坂市大字仁礼峰の原3153-274
090-4287-4357

→p203

制作者一覧

サ行

瑞慶覧主典
L' atelier de ZUKERAN
長野県須坂市大字仁礼峰の原3153-274
090-8527-1401

→p214

束花智衣子
SOCUKA
https://www.socuka.com/
socuka@gmail.com

→p159,p164

chi-ko
Forager
http://forager-tokyo.tumblr.com/

→p136-139

土屋エリ
FLOWER SHOP NONNO
東京都港区六本木7丁目6-3
03-3403-4644
http://www.nonno-flower.com/

→p157-158

椿組

→p248

タ行

髙智美乃
花to実　Mino
愛媛県松山市北条
090-1325-5971
https://www.hanatomimino.com/
hanatomimino@hotmail.com
→p262-267

高橋有希
atelier cabane
東京都目黒区上目黒2-30-7-102
03-3760-8120
http://www.atelier-cabane.net/

→p30,p35,p46,p225,p234

谷川花店
京都府京都市上京区東今小路町773
075-464-5415
http://tanigawa-hana.petit.cc/

→p191

円谷しのぶ
http://works2v.blog15.fc2.com/
shine2v@titan.ocn.ne.jp

→p211

ナ行

中井明美（アンナサッカチーフデザイナー）
松村工芸株式会社
東京都千代田区鍛冶町1-9-16
丸石第2ビル4階
03-5297-2851

→p150,p154,p176,p179-180

ハ行

ナ行

中川禎子
はな工房 彩花・madopop
埼玉県桶川市西2-7-19
048-772-4018
http://www.hana-saika.com
info@hana-saika.com
→p78-80

中川窓加
はな工房 彩花・madopop
埼玉県桶川市西2-7-19
048-772-4018
http://www.hana-saika.com
info@hana-saika.com
→p81,p84,p92,p124-127

中口昌子
cabbege flower styling
東京都渋谷区神宮前3-15-22-102
03-3402-8711
http://www.cabbege.com/
flower@cabbege.com
→p93,p96-97

中野天心
BAIAN CARITE　京都府京都市中京区堺町
通蛸薬師下る菊屋町524
075-222-1181
http://baian.cc
info@baian.cc
→p229

中野裕子
GRACES
宮城県仙台市青葉区本町2丁目6-22
ベルツビル1F
022-393-8370

→p25

西別府久幸
はいいろオオカミ+花屋　西別府商店
東京都港区南青山3丁目15-2
マンション南青山102
03-3478-5073

→p31,p232-233

ハ行

Patisserie+Flower
東京都渋谷区鶯谷町12-5 1F
03-6416-3411
https://www.patisserie-flower.jp/

→p44-45

花千代
HANACHIYO FLOWER DESIGN STUDIO
東京都港区南麻布5-15-25　広尾六幸館402
03-5422-7973
http://www.hanachiyo.com/
leaf@hanachiyo.com
→p165-167

はなのいえ くるみ
大阪府大阪市北区豊崎2-8-4
06-6450-8584

http://flower-kurumi.com/

→p49,p238-239,p246

浜川典利
hanamizuki（花水木）
高知県高知市堺町5-14
088-825-0031
http://ha732ki.com/
ha732ki@gaea.ocn.ne.jp
→p62,p278,p282

平井・ペダル・カトリン
ひらい花店
東京都板橋区蓮沼19-3
03-3966-1897
http://www.hirai-hanaten.co.jp/

→p197

ハ行

平岡有希
HANATABA Inc.
栃木県大田原市山の手2-13-11
0287-23-2341
http://www.hanataba.info/

→p276

平田 隆
HANA MENTAL
栃木県宇都宮市中岡本町2977-14
028-680-4325
http://www.mental-87.jp/

→p217

平田容子
HANA MENTAL
栃木県宇都宮市中岡本町2977-14
028-680-4325
http://www.mental-87.jp/

→p195

蛭田謙一郎
(有)ひるた園芸
東京都国立市富士見台1-10-6
042-575-1187
http://www.hiruta-8787.com/
p40-41,p142-143,p146-147,p151,p153,p168-173,p182,p187,p190,p216,p223,p268-273

farver
東京都目黒区中目黒3-13-31 U-TOMER 1F
03-6451-0056
http://farver.jp/
info@farver.jp

→p53

深澤佳子
Y・F・O
http://www.yfo.tokyo/
http://instagram.com/yfo_728
yfo728@ybb.ne.jp

→p88-89,p181

深田衣美
Marca
東京都国分寺市光町1-28-16
042-574-2166
http://driedflowermarca.com/index.html
→p28,p32,p240

藤原正昭
clap,clap,claps
http://clap-clap-claps.fool.jp/
clap-clap-claps@nj.fool.jp

→p202

藤本佳孝
FLORIST FUJIMOTO
広島県三原市宮浦4-13-1
0848-62-3579

→p196

古内華奈
フローリストふるうち
山形県米沢市大町4-2-7
0238-23-8787
https://furuuchi.hanatown.net/

→p178

古川さやか
VERT DE GRIS
京都府木津川市市坂高座12-10
0774-71-3515
http://vertdegris.jp/
p33,p130-131,p160-163,
p220-222,p277,p281,p289

フローリストリルケ
株式会社ユー花園
(本社)東京都世田谷区桜新町2-12-22
03-3706-8701
https://www.youkaen.com/

→p48,p60

制作者一覧

ハ行

ヘンティネン・クミ
北欧フラワーデザイン協会
Flower School LINOKA Kukka
東京都台東区小島2-21-16 3F
050-3494-0101
http://linoka.jp/
→p194

bois de gui
大阪府大阪市中央区北浜2-1-16　1F
06-6222-2287
http://bond-botanical.jp/

→p104-105

マ行

Magnolia
hana-magnolia@nifty.com

→p14

松島勇次
花由生花店
大阪府阪南市尾崎町2-17-3
072-472-0019

→p208

まるたやすこ
planted muffin
兵庫県尼崎市塚口町5-21
武富レジデンス五番館1F
06-6427-3987
http://www.planted-muffin.com/
→p18,p85,p210

三浦裕二
irotoiro
東京都目黒区中町2-49-11
03-5708-5287
http://irotoiro.jp/
info@irotoiro.jp
→p213

三田善之
Buen Camino
千葉県習志野市谷津7丁目8-7
047-474-0187
https://www.facebook.com/
buencamino2004/
→p207

村佐時数
スクェア
大阪府大阪市西区九条1-1-1 K'sコート1F
06-4393-2111

→p243-245

本村祐子(松村工芸契約デザイナー)
松村工芸株式会社
東京都千代田区鍛冶町1-9-16
丸石第2ビル4階
03-5297-2851

→p43

ヤ行

矢野佳奈
K BLOSSOM
yanochan@concerto.plala.or.jp

→p100

制作者一覧

ヤ行

山崎那由加
green flower 木漏れ陽
北海道札幌市豊平区平岸3条13丁目7-19
第1平岸メインビル1階(have fun space fuu内)
011-824-3353
https://www.instagram.com/nayukya/
→p254-255

横山直美
Flower Shop YAMA
神奈川県川崎市多摩区長沢1-10-20
044-977-8287
http://www.yama1187.com/
shop@yama1187.com
→p15-17

吉村美恵
abeille.
愛知県名古屋市東区出来町2-8-8
ザ・シーン徳川園
052-938-0087
http://abeille-flower.com/
→p63, p129, p132, p279, p285

ラ行

ランドスケープ
ランドスケープ
千葉県千葉市中央区南町2-10-1 1F
043-268-5171
http://www.f-landscape.com/70507/
landscape@coda.ocn.ne.jp
→p36, p50-51

※本書で掲載しているデータは、2017年4月10日段階のものです。
※本書は、異素材を使ったデザインを考える際のインスピレーションやアイデアの元になるものとして、各フローリストによるオリジナルデザインを掲載しています。
※本文中で記載している花材は基本的に各制作者の自己申告によるものです。使用花材名、商品名についてはさまざまな表現がありますが、編集の関係上、一定の表記で統一しています。
※掲載作品に使用された花材にはすでに製造を中止したものもございます。また一部、花材名の掲載を省略した作品もございますのでご了承ください。

本書は、『フローリスト』の記事などに掲載された作品に加筆し、
新たな作品を加えて再構成したものです。

デザイン・装丁　梅木詩織、大澤美沙緒（META+MANIERA）

プリザーブド・アーティフィシャル・ドライ
異素材フラワー デザイン図鑑200

NDC 793

2017年4月17日　　発　行

編　　者	フローリスト編集部
発　行　者	小川雄一
発　行　所	株式会社 誠文堂新光社
	〒113-0033　東京都文京区本郷3-3-11
	（編集）TEL：03-5800-3616
	（販売）TEL：03-5800-5780
	http://www.seibundo-shinkosha.net/
印刷・製本	大日本印刷 株式会社

©2017, Seibundo Shinkosha Publishing Co., Ltd.　　　　　Printed in Japan

検印省略
本書掲載記事の無断転用を禁じます。
落丁・乱丁本はお取り替えいたします。

本書に掲載された記事の著作権は著者、編者に帰属します。これらを無断で使用し、展
示・販売・レンタル・講習会などを行うことを禁じます。

本書のコピー、スキャン、デジタル化等の無断複製は、著作権法上での例外を除き、禁
じられています。本書を代行業者等の第三者に依頼してスキャンやデジタル化することは、
たとえ個人や家庭内の利用であっても、著作権法上認められません。

JCOPY　＜（社）出版者著作権管理機構 委託出版物＞
本書を無断で複製複写（コピー）することは、著作権法上での例外を除き、禁じられています。
本書をコピーされる場合は、そのつど事前に、（社）出版者著作権管理機構（電話
03-3513-6969 ／ FAX 03-3513-6979 ／ e-mail:info@jcopy.or.jp）の許諾を得てく
ださい。

ISBN978-4-416-61716-8